子平正源

——轉盤論法

鄭偉雄

圓方立極

「天圓地方」是傳統中國的宇宙觀，象徵天地萬物，及其背後任運自然、生生不息、無窮無盡之大道。早在魏晉南北朝時代，何晏、王弼等名士更開創了清談玄學之先河，主旨在於透過思辨及辯論以探求天地萬物之道，當時是以《老子》、《莊子》、《易經》這三部著作為主，號稱「三玄」。東晉以後因為佛學的流行，佛法便也融匯在玄學中。故知，古代玄學實在是探索人生智慧及天地萬物之道的大學問。

可惜，近代之所謂玄學，卻被誤認為只局限於「山醫卜命相」五術及民間對鬼神的迷信，故坊間便泛濫各式各樣導人迷信之玄學書籍，而原來玄學作為探索人生智慧及天地萬物之道的本質便完全被遺忘了。

有見及此，我們成立了「圓方出版社」（簡稱「圓方」）。《孟子》曰：「不以規矩、不成方圓」。所以，「圓方」的宗旨，是以「破除迷信、重人生智慧」為規，藉以撥亂反正，回復玄學作為智慧之學的光芒；以「重理性、重科學精神」為矩，希望能帶領玄學進入一個新紀元。「破除迷信、重人生智慧」即「圓而神」，「重理性、重科學精神」即「方以智」，既圓且方，故名「圓方」。

出版方面，「圓方」擬定四個系列如下：

1.「智慧經典系列」：讓經典因智慧而傳世；讓智慧因經典而普傳。

2.「生活智慧系列」：藉生活智慧，破除迷信；藉破除迷信，活出生活智慧。

3.「五術研究系列」：用理性及科學精神研究玄學；以研究玄學體驗理性、科學精神。

4.「流年運程系列」：「不離日夜尋常用，方為無上妙法門。」不帶迷信的流年運程書，能導人向善、積極樂觀、得失隨順，即是以智慧趨吉避凶之大道理。

此外，「圓方」成立了「正玄會」，藉以集結一群熱愛「破除迷信、重人生智慧」及「重理性、重科學精神」這種新玄學的有識之士，並效法古人「清談玄學」之風，藉以把玄學帶進理性及科學化的研究態度，更可廣納新的玄學研究家，集思廣益，使玄學有另一突破。

鄺偉雄師傅簡介

鄺偉雄先生，廣東省開平市人士，香港著名風水命理學家，從八十年代開始執業，經常接受本地各大傳媒如無線電視台、鳳凰衛視、華娛衛視、香港電台等訪問，介紹正確的玄學知識，以科學及理性的角度去理解中國的傳統國粹。

鄺師傅研究玄學，乃從理性及實際的角度出發，除去迷信成分，以學術性、應驗性、哲學性為重點，用中國的傳統術數，配合現代社會的發展情況，作出新的演繹，不故步自封，亦不譁眾取寵，是以深受國內外人士讚譽。

鄺師傅從九十年代中開始走遍中國大江南北，將沉寂了一段長時間的術數重新推廣，將正統的中國術數，往正確的方向伸延。

序

對於命理學，一般人有兩個極端的看法：一者，覺得是無稽之談，沒有甚麼根據；二者，覺得甚麼都是天注定，好壞都改變不了。

這兩種看法，都有偏差。只要你嘗試了解子平八字，就會發覺，八字命學並不是宿命論，也不是無稽之談；而當你愈學愈深入時，定會發現子平命理的實用性與靈活性，不論用唯心論或唯物論的角度去分析，都可以得到理想的結果。視野是廣闊而無邊無際的，而好與壞的結果，往往只是當初一念之間的決定，決不是宿命論，只是一般人用宿命論的角度去演繹而已。

每一個人要走的人生道路都不一樣，當然結果亦各有不同，並不能夠單以富貴或金錢論成敗，不論是感情生活、健康疾病、子女父母等，都是一樣，並沒有絕對的好與壞。

人生在世，只要能夠發揮先天的秉賦，掌握到生命的闊度，就已不枉此生。

子平命理就是檢查先天秉賦的最好工具。

希望讀者能夠學習、領略個中的道理，藉此學問而體會到「平常心」，找到自己的專長與才華，從而達到「樂天知命」的理想境界。

更進一步，將子平命學提升到一個更高的學術層面，是筆者所期望。

鄺偉雄 戊戌年夏月

目錄

第二章　轉盤法研究

第三章　真實命例分析

丈夫哪裏去

命無食傷，亦享子女福

感情事業兩難分

旺夫旺到一百歲

急流勇退，安享晚年

我的野蠻女友

360 355 349 341 333 324

第一章 八字理論研究

《命理約言》看命大法

在清朝相國陳素庵的《命理約言》之中，開宗明義說了一些非常重要的八字理論，原文照錄如下：

「看命大法，不過生剋扶抑而已。列下四柱，先看日干是何五行。隨看月支，或是生我、剋我，或是我生、我剋。如月支本氣透於天干，寅透甲，午透丁，即取為格。係正官、偏財、偏印，則宜生之助之。係偏官、傷官，則宜制之化之。若本氣未透遭剋，則寅不用甲，而用所藏之丙戊。午不用丁，而用所藏之己。若所藏之神，又不透遭剋，則不用月支。而用別干支之勢盛力旺者為格。其祿刃比劫，不論在干在支皆不以取格，但為日干之助耳。總之，以日干與財官等較其強弱。強者抑之，弱者扶之。局不能扶抑者，以運扶抑之。其必不可扶者，則棄之。必不可抑者，則順之。惟合化、一氣、兩神、暗沖、暗合格，不在此例。」

取格局以月令為主，為甚麼呢？這就是因為月令是最旺之神，影響力最大。基本上，算八字就好像一群人圍繞住一個首領來團轉一樣，所以只要先定好格局，其他事情就好辦。

定格局以月令為主，相對十干，一般都以月令本氣為格。

例如：

- 甲生辰月，辰中有戊乙癸，但是以戊土最旺為本氣，是為偏財格為主。
- 乙生巳月，巳中有丙戊庚，但是以丙火最旺為本氣，是為傷官格為主。
- 戊生卯月，卯中只有乙，是為正官格為主。

但是，如果月令中的餘氣透出，則又可自成一格。

例如：

- 甲生未月，若果丁火餘氣透出，又可以成為傷官格。
- 乙生巳月，若果戊土餘氣透出，又可以成為正財格。

如果當令又透出，這個格局是影響力最大的，一生的際遇環境，都是在這個格局之中打轉。

用月令定格局的原因，是因為月令是最旺之神，影響力最大，基本上而言：

正官格：利於求名求官，女命旺夫。

正財格：利於求財求利，男命妻緣好。

七殺格：利於權力，但小人多。

偏財格：利於投機之財，桃花運多。
食神格：利於專業享受，女命旺子女。
傷官格：利於藝術，女命不利姻緣。
正印格：利於承繼，安閒生活。
偏印格：利於宗教，女命不利子女緣。
建祿、陽刃格：白手成家，不利婚姻感情。

基本上以正財、偏財、正官、食神、正印為好格局；建祿、陽刃、七殺、傷官、偏印為較差格局。

但要記住，一個命可以有多過一種命格，則又會吉凶相並。

例如：

- 己土生於申月，申金當令，以傷官格為主，女命不利於婚姻運。但是若果透出壬水正財，則又是正財格，是一個能夠賺錢、財運很好的女強人。若果透出戊土劫財，就變為劫財格，小人多而情敵爭夫了。

而且，其他的六神也可以有多過一種命格，所以人生之中有多種際遇。

利用轉盤的方法，八字中每一個字，包括餘氣藏干，都要利用這種方法去演繹，最後會得出令人驚嘆的結果，也就是我常提到的「**物物一太極**」方法。

請看下例男命：

劫	才		印
		子星	
辛	甲	庚	己
未	申	午	丑
		孫	
己 印	庚 比	丁 官	己 印
乙 財	壬 食	己 印	辛 劫
孫——丁 官	戊 卩		癸 傷
天乙貴人			天乙貴人

- 月令午中丁火、己土旺極，甲木日元配合看是「**傷官格**」，而且己土正財透出，又是「**正財格**」，傷官生財，而旺極之財，更與日主甲己相合有情，成就而為大富貴之命。

不單如此看，亦必須要以轉盤看其他。

以轉盤看子女格局：

- 此命以庚金為子，庚金以月令午火為正官是為之「**正官格**」，而己土透出，又是「**正印格**」，合而為「**官印相生格**」，代表有子承父業，亦即是「**大樹傘蔭格**」。

以轉盤看孫格局：

- 庚金以午火為子女，也就是甲木本命的孫。午火是本氣，就是「**建祿**

格」，旺極而有月令己土之洩，己土更加透出，也是「**食神格**」，能讀書，成為專業人士。

古時算命最重官星，所以在《淵海子平》中，就只有提到官星格、印綬格、七殺格、偏財格、建祿格……而並沒有食神、傷官格。但現代社會，又出現了很多食神、傷官格的發達命例，因為食神、傷官就是互聯網世界的類象。

《命理約言》中又提到：

「推命先看日干，或得時，或失時，或得勢，或失勢。下坐某支，緊貼某干，於日干生剋扶抑何如。隨看餘三干及四支，於日干生剋扶抑何如，此恆法也。然不特日干而已，凡命中干支皆當如此研究，如看年干，先看得時得勢否？下坐扶抑何如？月干時干亦然。又看年支，先看得時得勢否？上載何干緊貼何支？于年支生剋扶抑何如？隨看餘三支四干，于年支生剋扶抑何如？月支時支亦然。如此一一研究的確，然後用之為官殺，為財印，為食傷，其是強是弱，當用當捨，自然精當無差，洞徹不惑矣。此看命第一要訣也。」

這說明白了，八字之中每一個字都十分重要，都是一個獨立個體，而個體與個體之間，又相互發生種種關係，而種種情形、所有情況，都要以決定旺弱為先。

取用不單只論強弱

坊間有一種算旺弱的方法，將八字衰旺按分數加減，看日元及生日元的為一組；剋日元、洩日元的又是一組，看他身強或剋洩強，而選擇用神。這種方法看似精密，實際上是密中有疏。

因為取用神不單止以強弱為主，有時候日元弱的八字都不能用印生；有時日元強的八字也要用印。

一、強而用印

比如日主身強、殺有氣，但是命中無制無化，在這種情形下，即使是身強，也需要印生，是「**強而用印**」，而用印的作用是化解七殺，並不是生身。

相反，身稍弱，但殺重，行食傷運，雖然洩氣，但依然是好運。用食傷雖是洩弱日主，但可用以制殺，不制就七殺剋身，情況就如在擂台上打拳比賽，以點數辛苦地勝出一樣，只要日主有根就可以，不必斤斤計較強到甚麼程度、弱到甚麼程度，或是與財殺相比哪邊較強，因為有些情況是強弱難分軒輊。

二、弱而用洩

至於弱八字，比如辛金，在火多或春夏季，尤其在南方地域，不論辛金強與弱，都不可用燥土生金化火，只可用水洗金，尤其壬水，是「**弱而用洩**」的例子，因為辛金天性是「畏土之疊、樂水之盈」。

有時身弱之命，不用比劫幫身而用官殺，例如金生冬令，水多洩氣而寒，最愛丙丁火，不是相剋，而是調候為急需。行金運雖然幫身，但又生水增寒，顧此失彼。

三、不用財星亦不可劫

《淵海子平》中，有一篇論八字撮要法：

「用之為官不可傷。
用之為財不可劫。
用之為印不可破。
用之為食不可奪。
用之為祿不可沖。
若有七殺須要制，
制伏太過反為凶。
若用傷官須要靜，
此是子平萬法宗。

傷官最怕為官運，
傷官尤喜見財星。
印綬好殺嫌財旺，
羊刃怕沖宜合迎。
比肩要逢七殺制。
七殺喜見食神刑。
有祿怕見官星到。
食神最喜偏財臨。
此是了平撮要法，
江湖術者仔細明。」

但是後來又有人增改為：「不用財星盡可劫。不用官星盡可傷。不用印綬盡可壞。不用食神盡可奪。」

於是產生八字命理的大誤區，因為即使是不用的財星，正官、食神，也是不可以劫奪的。試想想，財星是妻、官星和食神是子女，怎可以傷害呢？

凡命，只要身不太弱，通根有氣，都可以行財官運，都能夠承受，只不過在賺錢的過程，是辛勞或安逸而已，賺錢的結果都是一樣的。

如果計算出日主有氣，財又強，但是日主相對財星稍弱，於是用計算的方法，就說日主比財星稍弱，而要行比劫幫身，那就錯了，結果行比劫運就是破財傷身。

這就是：「不用財星也不可以劫奪」的原因了。

例如：男命

印	日元	官	才
己	庚	丁	甲
卯	申	卯	辰
乙財	庚比 壬食 戊卩	乙財	戊卩 乙財 癸傷

78	68	58	48	38	28	18	8
乙	甲	癸	壬	辛	庚	己	戊
亥	戌	酉	申	未	午	巳	辰

幫身但劫財，
結婚又離婚。

不用財星也不可劫

● 庚金生於卯月，正財旺極，又有甲木通根於卯月卯時及坐下餘氣，旺之極了。庚命只靠坐下申金建祿及己土相生，是木火比土金強得多矣。

● 行運二十八歲起庚金，比肩幫身，按道理財比身強，要行幫身運，今弱金得助應該好運，但是結果是庚金剋甲木，在二十九歲結婚，而三十二歲便離婚了。

這就是：「不用財星也不可以劫奪」的原因了。

● 本命以行土印運，生身而不劫財最理想。

定格局法「正格」

算八字宜先定格局，格局一定，便有路可尋，不至於言之無物。

除了子、卯、酉月為單一藏干，為專氣月份之外，其餘月份所藏天干都不止一種五行，都要用心分別，其中以辰、戌、丑、未月為雜氣，很多時財、官、食都藏於土中，其氣不專，要看有無藏干透出，方好定格局。

注意：以下所指的是以「十干」定格局，而不是專指「日干」定格局。八字中任何一個字，包括藏干，都可以用此方式定格，其中的分別及範圍，在論命時有天淵之別。

細分如下：

一、甲木定格

寅月：建祿格
卯月：陽刃格
辰月：雜氣偏財格
巳月：食神格
午月：傷官格
未月：雜氣正財格
申月：七殺格
酉月：正官格
戌月：雜氣偏財格
亥月：偏印格

子月：正印格
丑月：雜氣正財格

二、乙木定格

寅月：傷官格
卯月：建祿格
辰月：雜氣正財格
巳月：傷官格
午月：食神格
未月：雜氣偏財格
申月：正官格
酉月：七殺格

戌月：雜氣正財格
亥月：正印格
子月：偏印格
丑月：雜氣偏財格

三、丙火定格

寅月：偏印格
卯月：正印格
辰月：雜氣食神格
巳月：建祿格
午月：陽刃格
未月：雜氣傷官格

申月：偏財格
酉月：正財格
戌月：雜氣食神格
亥月：七殺格
子月：正官格
丑月：雜氣傷官格

四、丁火定格

寅月：正印格
卯月：偏印格
辰月：雜氣傷官格
巳月：傷官格

午月：建祿格
未月：雜氣食神格
申月：正財格
酉月：偏財格
戌月：雜氣傷官格
亥月：正官格
子月：七殺格
丑月：雜氣食神格

五、戊土定格

寅月：七殺格
卯月：正官格

辰月：雜氣財官格
巳月：建祿格
午月：正印格
未月：雜氣官印格
申月：食神格
酉月：傷官格
戌月：雜氣傷官見官格
亥月：偏財格
子月：正財格
丑月：雜氣食神生財格

六、己土定格

寅月：正官格
卯月：七殺格
辰月：雜氣財殺格
巳月：正印格
午月：建祿格
未月：雜氣殺印格
申月：傷官格
酉月：食神格
戌月：雜氣食神配印格
亥月：正財格

子月：偏財格
丑月：雜氣食神生財格

七、庚金定格

寅月：偏財格
卯月：正財格
辰月：雜氣偏印格
巳月：偏印格
午月：正官格
未月：正印格
申月：建祿格
酉月：陽刃格

戌月：雜氣偏印格
亥月：食神格
子月：傷官格
丑月：雜氣正印格

八、辛金定格

寅月：正財格
卯月：偏財格
辰月：雜氣正印格
巳月：正官格
午月：七殺格
未月：雜氣偏印格

申月：傷官格

酉月：建祿格

戌月：雜氣正印格

亥月：傷官格

子月：食神格

丑月：雜氣偏印格

九、壬水定格

寅月：食神格

卯月：傷官格

辰月：雜氣七殺格

巳月：偏財格

午月：正財格
未月：雜氣正官格
申月：偏印格
酉月：正印格
戌月：雜氣七殺格
亥月：建祿格
子月：陽刃格
丑月：雜氣正官格

十、癸水定格

寅月：傷官格
卯月：食神格

辰月：雜氣正官格
巳月：正財格
午月：偏財格
未月：雜氣七殺格
申月：正印格
酉月：偏印格
戌月：雜氣正官格
亥月：傷官格
子月：建祿格
丑月：雜氣七殺格

例如：

才	官	日元	傷
己	庚	乙	丙
丑	午	酉	子
己才 辛殺 癸卩	丁食 己才	辛殺	癸卩

食神兼偏財格

- 日元乙木生於午月，午火本氣最旺，是食神格，但是己土透出，所以又是偏財格。故一生之中，可以用食神，成為專業人士，有食福享受，女性有子女緣；另一方面是偏財格，遲早必然發迹，有投資眼光，有偏財運，但是財太旺又會破印，恐防父母間緣分淡薄。
- 午火旺月，乙木身弱而必定喜愛用水，水是乙木之印星，則可以知道，這個人是很容易得到長輩或母親的照顧，而得到成功。
- 印星又是物業、房屋，一生最利投資房屋，加上命主有偏財運，由此推論，他的偏財很大可能是投資房地產而得來。

以上的分析，都是根據月令格局而推演出來，這是古書沒有提到的重點，所以月令格局是非常之重要。

從格的真義

從官：日主無根，滿盤皆官。

從殺：日主無根，滿盤皆殺。

從財：日主無根，滿盤皆財。

從食：日主無根，滿盤皆食。

從傷：日主無根，滿盤皆傷。

這是一般理解的從格，以日主為出發點，是日主從格，但是用「轉盤」論命時，就有不同的看法。分別就是：即使是從格的八字，就只是日主從格，八字之中並不是每一個字都是從格的。例如有時候日主判斷是從格，不論是從財、從官殺或從食傷，命中的官殺卻不一定是從格，其餘財、食、傷同論。

例如：女命

命宮	胎元	才	乙木從兒	食	財
辛	戊	己	(乙)	丁	戊
酉	申	卯 (沖)	酉 (沖)	巳	戌
		乙比	辛殺	丙傷	戊印
				戊財	辛殺
				庚官	丁食

70	60	50	40	30	20	10	0
己	庚	辛	壬	(癸) 合火	(甲) 生火	(乙) 生火	丙
酉	戌	亥	子	丑	(寅)	(卯)	辰

丑：合酉解沖，從格還原。

寅卯：旺夫發達

乙木從兒，旺夫發達。

- 女命乙木生於巳月，火旺月提，丁火透出，戊戌又是火土，乙木坐酉，通根於卯，但被酉沖壞，這個乙木是「**從兒格**」了。

《滴天髓》：「從兒不論身強弱，只要我兒再見兒」，所以行火、土運最好，木運不忌，行金水運逆旺氣則差。

- 行運早年乙卯、甲寅，木生火氣，旺夫發達。
- 行癸運癸水合戊化火，依然不錯。
- 行丑運，丑刑戌，巳酉丑合金局，解卯酉之沖，並且有水氣生木，由從格變成正格，乙木一變而成剋洩交加，丈夫事業面臨困境，破耗極多。

但是她的丈夫能否度過難關呢？就要從丈夫的角度，用「轉盤」看看。

命宮	胎元	卩	才	殺	印
辛	戊	己	乙	丁	戊
酉	申	卯	酉	巳	戌
		乙才	辛丈夫	丙官	戊卩
				戊印	辛比
				庚劫	丁殺

乙 —— 沖 —— 辛

70	60	50	40	30	20	10	0
己	庚	辛	壬	癸	甲	乙	丙
酉	戌	亥	子	丑	寅	卯	辰

丑：生金破財

寅、卯：身強可任財

酉夫官印相生為正格

● 乙木以酉金為夫，生巳月，火旺金柔，金弱極，本可以從巳火，但是有戊、戍、己三土生身，變為「**官印相生**」，酉金弱而逢生，故不能從，所以用正格取用。之前行甲寅運，身強可以任財，所以事業發達。

● 行癸水合戊無妨；行丑運，丑戌相刑，環境改變，兼且癸酉流年，酉比劫沖卯木財星，焉能不破耗？

● 之後行壬子水運、潤土生命，酉金並無傷害，只是由燦爛轉歸平淡。

即是說：

● 行水運是乙木女士的辛勞運，有自己的工作。

● 行水運是酉金丈夫的舒服運，半退休生活。

又例如：女命

命宮	胎元	才	日元	殺	傷
乙	**己**	**丙**	**壬**	**戊**	**乙**
酉	**巳**	**午**	**寅**	**寅**	**巳**
		丁財	**甲**食	**甲**食	**丙**才
		己官	**丙**才	**丙**才	**戊**殺
			戊殺	**戊**殺	**庚**卩

65	55	45	35	25	15	5
乙	**甲**	**癸**	**壬**	**辛**	**庚**	**己**
酉	**申**	**未**	**午**	**巳**	**辰**	**卯**

（未、午、巳）從旺成功，
助父發展事業。

壬水從旺格

● 女命壬水生於正月食神格，丙火、戊土都透出，得月令旺氣。

● 壬水無根，無金生水，巳中庚金與寅木相刑，有等於無，是「**從旺格**」，從木、火、土。

● 行運最利火、土、木，忌金水還原。但記住，這是針對壬水而言。

● 所以，此命幫父親做事，承繼父業。因為火是父親，從丙火之財，就是承繼父親的事業。

● 行運到二十五歲起入辛巳、壬午、癸未，南方火地，從財成功，名利均好。

但是，從她的八字看她父親的情況又如何呢？

命宮	胎元	父親	殺	食	印
乙	己	丙	壬	戊	乙
酉	巳	午	寅	寅	巳
		丁劫	甲卩	甲卩	丙比
		己傷	丙比	丙比	戊食
			戊食	戊食	庚才
		陽刃	長生	長生	祿

75	65	55	45	35	25	15	5
丙	乙	甲	癸	壬	辛	庚	己
戌	酉	申	未	午	巳	辰	卯

父財好

丙火旺劫財，
由女承父業。

丙火身旺用食正格論命

- 丙火父親，生於寅月火長生之地，坐午刃、得巳祿，旺之極，但是有戊土洩火，不能作從格，只能以戊土洩火為用。
- 之前行庚辰、辛運，生意相當不錯。
- 到行南方運的時候，是丙火行比劫運，自己不利經營，反而是女兒從財成功，可以全面掌握的時候。

所以，當掌握到轉盤的技法，很多以前不能解釋、不易明白的理論，都會一一呈現眼前。這個理論，自古到今都沒有一本八字書提及過，自此以後，相信很多後學會將這理論發揚光大。

《滴天髓》十干取用

算命學問，基本功是最重要的，基本功就是十天干而已，所以現在不厭其煩，將十天干的特性，化成十天干命主的案例，給大家重溫。

命理古籍之中，以《滴天髓》將十干性情分析得最詳盡透徹，雖然不強調平衡強弱，但平衡強弱已在其中。

由於《滴天髓》只講理論，不講徵驗，是以很多時候，初學者即使熟讀原文，亦不能論命，故引用原文，加以補充，並輔以例子，閱畢必定可以加強算八字的基本功。

而且，不單單日主一個字要參看《滴天髓》，八字盤中每一個字都要看。

很多人論命，只看日主是甚麼，例如甲木命，就看「甲木參天，脫胎要火……」然後就完事，但這是不足夠的，必須命中每一個字都要參考《滴天髓》十干的看法。

須知道《滴天髓》的十干性情，並沒有注明是針對日主而言，而是任何地方，包括年、月、日、時，都應該對照。

即是說：比如甲木命，見辛金為正官夫星，這個辛金，就要看：「辛金軟弱，温潤而清……」的特性，如此才能夠透徹地分析八字，是為重點。

請看下頁命例。

例如：女命

傷	才		卩
		夫星	
甲	**丁**	**癸**	**辛**
辰	**巳**	**巳**	**丑**
戊官	**丙**財	**丙**財	**己**殺
乙食	**戊**官	**戊**官	**辛**卩
癸比	**庚**印	**庚**印	**癸**比
墓	天乙貴人	夫坐天乙貴人	

滴天髓十干論，每一個字都要看。

● 女命日主丁火，生夏令火旺，喜用癸水調候，並且為夫星，那麼這個夫星的生態如何？

就要參看《滴天髓》：「**癸水至弱、達於天津，得龍而運、功化斯神，不愁火土、不論庚辛，合戊見火、化象斯真。**」

就知道癸水不怕弱，只要有微根，如辰、丑土；不愁火土，即使夏令，亦不擔心乾涸，只要沒有戊土合化便有用，何況更有辛金相生？於是定為有用的癸水，一生得享夫福，旺夫發達，但是癸水終歸都是與丁火相沖，結果就是會嫁一個有能力、經濟好，但是與自己性格各異的丈夫。

● 丁火以甲木為母，那麼，這個母親的生存環境如何？

就要參看《滴天髓》：「**甲木參天、脫胎要火，春不容金、秋不容土，火熾乘龍、水蕩騎虎，地潤天和、植立千古。**」

- 這甲木生於夏令，正是「火熾」之時，最宜「乘龍」，就是要辰土，現在甲木正好坐辰，調候旺火而潤木，也就是「地潤天和」了，是為之有利於甲木的生存空間，所以這個命的母親本身運程不俗。

但是這個母親與本命的關係如何？就要看這個丁火是否需要這個甲木。

- 現在丁火生夏令，要金水調候，不愛甲木生火，但是甲木近身相生，於是就形成：母親本身運氣好，過分關心丁火，丁火卻不接受母親的意見，雖然不至於不和，但是起碼都是取向及心態都不一樣。

- 這個女命以丑土食神為子女，這個丑的本氣是己土，於是我們又用《滴天髓》的：「己土卑溼、中正蓄藏，不愁木盛、不畏水狂，火少火晦、金多金光，若要物旺、宜助宜幫。」來看看己土的情況如何，以判斷她的子女。

- 己土卑濕是肯定，生於夏令火旺，巳中丙火合丑，「若要物旺、宜助宜幫」，使丑土有力量，可以用辛金、癸水為財。於是可以判斷，她的子女得到幫助而發展自己的專業，而且得到成功。

（一）甲木

《滴天髓》：「甲木參天、脫胎要火，春不容金、秋不容土，火熾乘龍、水蕩騎虎，地潤天和、植立千古。」

- 甲木是陽木，脫胎就是指初春之時，最愛火解凍；春天木雖旺，但金多則生水浮木，不及火來生土暖木好。
- 甲木生長在秋天，金旺木弱，若再加土來生金，金更旺，木更弱，故不能容土。
- 甲木生長在夏天或火多之時，最愛濕土，而以辰土為最好，雖則丑為濕土，但當中有金氣，暗中不足。
- 甲木生長在冬天或水多之時，最愛寅木吸水生火，寅中有丙火、戊土，比卯木有力得多了。

- 甲木的生長環境，最愛是不燥不濕，這是最重要的，因為燥木易焚燒，濕木則無焰，生機消滅。例如：男命

命宮	胎元	印	日元	傷	才
甲	戊	癸	甲	丁	戊
寅	申	酉	(辰)	巳	戌
		辛官	戊才	丙食	戊才
			乙劫	戊才	辛官
			癸印	庚殺	丁傷

辰 —— 沖 —— 戌

73	63	53	43	33	23	13	3
乙	甲	癸	壬	辛	庚	己	戊
丑	子	亥	戌	酉	(申)	未	午

申：合妻宮，結婚。

未、午：火地困苦

甲木命火熾乘龍格

● 甲木生於夏令，是火旺，坐下辰土潤木，正合「火熾乘龍」的格局，能夠配合到《滴天髓》原文之定義者，都必定符合天然五行格局，都是有用之神，都是一個不差的八字。

● 甲生巳月傷官格，戊土透出，又是偏財格，從商最利。癸水雖透，但被戊土所合，不能為用，坐下辰土為用，但被年支戌沖，水氣受傷，是以離鄉別井，幸好酉時合辰，合來解沖，絕處逢生。辰為妻宮，娶妻之後漸入佳境。

● 行運三歲戊午，十三歲己未，火土剋水，別井離鄉，困滯可想而知。

● 二十三歲庚申，申辰合妻宮而結婚，更加金生水旺，事業發展，丁財兩旺。

● 將來行辛酉、壬戌、癸亥、甲子，皆西北方用神之地，必然獲益良多。

（二）乙木

《滴天髓》：「乙木雖柔，刲羊、解牛，懷丁抱丙，跨鳳乘猴，虛濕之地，騎馬亦憂，藤蘿繫甲，可春可秋。」

- 乙木是柔木，好比花草之木，雖然柔弱，但是可以剋制丑土及未土。
- 如果有丙丁火幫助，是絕對不怕申酉金來相剋。
- 最怕是水多濕氣太重，即使有午火亦不足夠幫忙，因為調候要用丙火為主。
- 乙木如果遇到甲木，叫做「藤蘿繫甲」，得到陽木的幫助，不論春季或秋季，都不怕身弱了。

例如：女命

命宮	胎元	劫	日元	殺	傷
				┌─合─	─┐
甲	壬	甲	乙	辛	丙
午	午	申	丑	卯	午
		庚官	己才	乙比	丁食
		壬印	辛殺		己才
		戊財	癸卩		

71	61	51	41	31	21	11	1
癸	甲	乙	丙	丁	戊	己	庚
未	申	酉	戌	亥	子	丑	寅

乙木命刲羊解牛格

- 乙木生卯月，得祿而得強，坐下丑土財星，就是「**封羊解牛**」。
- 年支午火，生土之財、制申金；年干丙火合住辛金，使辛金不能剋乙木，就是「**懷丁抱丙，跨鳳乘猴**」，要知道，乙木如草，不論強弱，都不喜愛金來相剋，以用火最上格。
- 時干見甲木，就是「**藤蘿繫甲**」，可春可秋，是以這是一個相對平衡而有用神的八字，早露頭角，事業順利，在社會上有地位，中年嫁夫富貴，財祿不缺。

（三）丙火

《滴天髓》：「丙火猛烈、欺霜侮雪，能煅庚金、逢辛反怯，土眾生慈、水猖顯節，虎馬犬鄉、甲來焚滅。」

- 丙火就是太陽之火，在冬天亥子月，不論任何干支，只要有丙火出現，就能夠解凍，所以丙火是調候之神。
- 丙火能剋制陽性庚金為偏財星；但是卻害怕辛金正財，因為辛丙合而化水相剋自己。
- 丙火逢戊己土，口硬心軟，洩弱丙火之元氣。
- 即使水旺、水多來相剋，丙火也絕不低頭，一定抗爭到底，這也是陽干的特性。

● 如果遇到寅、午、戌三合火局，則火太多，再有甲木來生火，便成為極不平衡的局面，引火而焚燒了。

請看以下例子。

女命：

命宮	胎元	卩	日元	劫	卩
癸	戊	甲	丙	丁	甲
酉	辰	午	午	丑	戌
		丁劫	丁劫	己傷	戊食
		己傷	己傷	辛財	辛財
		陽刃	陽刃	癸官	丁劫

78	68	58	48	38	28	18	8
己	庚	辛	壬	癸	甲	乙	丙
巳	午	未	申	酉	戌	亥	子
					甲辰年服毒去世		

丙火命：虎馬犬鄉，甲來焚滅。

● 女命丙火生丑月，土旺是傷官格，「土衆成慈」，為人心思細密，聰明而情緒化，傷官為用，藝術成名。行早運十八歲起乙亥十年，壬水得祿，制火氣以成名。

● 命中有兩個午火，陽刃極旺，半合戌火局，再加上甲木、丁火，是火旺極，行大運二十八歲起甲戌十年，又助火旺，正合「虎馬犬鄉，甲來焚滅」，就在甲戌運、甲辰年，服毒自殺身亡，這就是「丙火猛烈」的個性。

（四）丁火

《滴天髓》：「丁火柔中、內性昭容，抱乙而孝、合壬而忠，旺而不烈、衰而不窮，如有嫡母、可秋可冬。」

- 丁火是陰柔之火，好比燈燭，並不比丙火猛烈火爆。
- 乙木是丁火的母親，而乙木最怕辛金相剋，如果有丁火在，就可以剋制辛金，乙木就得到保護，所以說「抱乙而孝」。
- 丁火以壬為官星，丁壬合而化木，剋制戊己土，戊己土為剋制官星之物，保護官星上司，故稱為忠。
- 如果有甲、寅等陽木生丁火，即使生於秋、冬季，丁火都不愁身弱；即使不是丁火命，而命中需要用到丁火的，都是一樣需要甲木生丁。

例如：男命

命宮	胎元	才	日元	食	傷
壬	庚	辛	丁	己	戊
			└─沖─┘	└─合─┘	
戌	戌	亥	丑	未	午
		壬官	己食	己食	丁比
		甲印	辛才	乙卩	己食
		天乙貴人	癸殺	丁比	

（丑未沖，未午合）

79	69	59	49	39	29	19	9
丁	丙	乙	甲	癸	壬	辛	庚
卯	寅	丑	子	亥	戌	酉	申
						合妻宮，結婚。	

丁火命：旺而不烈，合壬而忠。

- 男命丁火生於未月，夏天火旺，年支午火得祿，火氣已足，是「旺而不烈」，雖土多洩氣，但已有足夠火力用財官，是以最利於辛亥時，亥中壬水、甲木，正是「合壬而忠」，故為人忠良賢孝。
- 甲是嫡母，丁火最喜甲木，這亥中甲木可以破旺土、生丁火、合未土解丑未之沖，更是天乙貴人、兼且可以調候，一神多用，正是「如有嫡母、可秋可冬」。
- 查行運十九歲辛酉十年，酉合丑夫妻宮，解丑未之沖，是沖中逢合處處吉，於是婚緣早訂，結婚於二十七歲酉運。

我們也可以看看他的妻子：他命中以辛金為妻，「辛金軟弱、温潤而清，畏土之疊、樂水之盈，能扶社稷、能救生靈，熱則喜母、寒則喜丁。」

命宮	胎元	妻子	殺	卩	印
壬	庚	辛	丁	己	戊
戌	戌	亥	丑	未	午
		壬傷	己卩	己卩	丁殺
		甲財	辛比	乙才	己卩
			癸食	丁殺	

79	69	59	49	39	29	19	9
丁	丙	乙	甲	癸	壬	辛	庚
卯	寅	丑	子	亥	戌	酉	申

妻星辛金畏土之疊，樂水之盈。

- 這辛金生未月，土多而旺，土又燥熱，是「畏土之疊」。
- 辛金最喜壬水洗金，今坐亥水同柱，是為用神有情，正是「樂水之盈」，又有亥中甲木破土，是一神二用，用神有力。妻子帶傷官，聰明靈敏，有專業名聲，有財權，能面對困難，而隨機應變地解決問題。

（五）戊土

《滴天髓》：「戊土厚重、即中且正，靜翕動闢、萬物司令，水潤物生、火燥物病，若在艮坤、怕沖宜靜。」

- 戊土是陽土，特性是厚、重、乾燥，所以能夠止水剋水，壬水固然可以被戊剋制，而癸水更被戊土所合，化成火氣，所以不論何種命，水多一定要用戊土。
- 戊是乾土，最愛水潤，並為財星；戊土乾涸，最忌火多，火多則水弱，不易富貴。
- 戊土最怕地基不穩，尤其戊寅、戊申；或寅月、甲申月，再逢沖則必然一生運程多變。

例如：男命

命宮	胎元	劫	日元	傷	卩
				合	合
丁	壬	己	戊	辛	丙
酉	辰	未	寅	丑	辛
		己劫	甲殺	己劫	丁印
		乙官	丙卩	辛傷	己劫
		丁印	戊比	癸財	
		沖		沖	

78	68	58	48	38	28	18	8
己	戊	丁	丙	乙	甲	癸	壬
酉	申	未	午	巳	辰	卯	寅

火燥物病

戊土命：水潤物生，怕沖宜靜。

- 男命戊土生於丑月，濕土當令，丑中有辛金、癸水，辛金透出，是為**傷官格**，加上「**水潤物生**」，為人必定聰明機靈，可惜丙火透出，合住辛金，傷官破格，於是變為聰明自用，行事不切實際。
- 時為己未，己土劫財得地，沖月令之丑中癸水偏財，故為人理財不善，以致債台高築。
- 全局變為火多水弱，正是「**火燥物病**」。
- 戊土坐寅，地支多沖，正是「**若坐艮坤，怕沖宜靜**」。
- 行運自十八歲癸卯、二十八歲甲辰，二十年水木相生，財生官殺，雖辛苦但亦事業發展，衣食安康，結婚娶妻。
- 行三十八歲乙巳十年，木生火旺，更犯了「**火燥物病**」的大忌，加上乙木沖辛金用神，巳火蒸乾丑中癸水財星，是以在乙運起，左支右絀，欠債不少，將來行丙午、丁未，困難可知，必須要及早改變理財態度，才有翻身的機會。

（六）己土

《滴天髓》：「己土卑溼、中正蓄藏，不愁木盛、不畏水狂，火少火晦、金多金光，若要物旺、宜助宜幫。」

- 己土是陰土，特性是濕、潤、軟；不愁木盛是指陽木，因為見甲木則相合化土，不怕相剋，不過也怕乙木來剋制。
- 己是濕土，見癸水可以相和，見壬水是「**己土混王**」格，不怕沖散泥土。
- 己土有洩火晦火的特性，不論丙丁火，見己土都會減弱無光。
- 庚辛金太弱，最愛己土相生，濕土生金有情，戊土乾土生金則無情。相反，如果己土太弱，則要用丙火相生最好。

例如：男命

命宮	胎元	劫	日元	卩	印
壬	甲	**戊**	**己**	**丁**（圈）	**丙**（圈）
辰	寅	**辰**	**亥**	**酉**	**戌**
		戊劫	**壬**財	**辛**食	**戊**劫
		乙殺	**甲**官		**辛**食
		癸才			**丁**卩

辰、戌：沖

80	70	60	50	40	30	20	10
乙	**甲**	**癸**	**壬**	**辛**	**庚**	**己**	**戊**
巳	**辰**	**卯**	**寅**（圈）	**丑**	**子**	**亥**	**戌**

辰、卯、寅：木生火，生活無憂

寅：火長生之地

丑、子、亥：水剋火，辛勞阻滯

己土命：火少火晦，宜助宜幫。

- 己土生酉月，**食神格**，坐下亥水、辰土都是濕氣，己土本身已經是濕土，是以必須要火來相助，「**若要物旺、宜助宜幫**」。幸好有丙火出現，但是丙火只通根戌庫，相對較弱，「**火少火晦**」，生土之力不足，必須要依靠大運的幫助，方能發揮所長。
- 查行運：二十歲至四十九歲，經歷己亥、庚子、辛丑，三十年北方水運，剋制丙丁火，加重水氣，婚姻、事業、財祿都不理想。
- 五十歲起行壬寅大運，寅木是火長生之地，時來運到，吐氣揚眉。
- 之後一路行癸卯、甲辰、乙巳，都是木火之氣，生活無憂，安享晚年。

（七）庚金

《滴天髓》：「庚金帶殺、剛健為最，得水而清、得火而銳，土潤而生、土乾而脆，能贏甲兄、輸于乙妹。」

- 庚金是陽金，至剛至銳，最喜愛水洗，不論壬癸水。
- 而有力的庚金更愛丁火鍛煉，例如有名的「**火煉秋金**」格。
- 若庚金無力，最喜愛己土、丑土、辰土相生，不愛戊土，因要用濕潤之土，不能用乾燥之土。
- 庚金可以剋制甲木為偏財星，見乙反而有相合之情，而無相剋之意。

例如：男命

命宮	胎元	官	日元	食	食
		用火煉金			
癸	癸	丁	庚	壬	壬
卯	卯	丑	子	子	子
		己印 辛劫 癸傷	癸傷	癸傷	癸傷

70	60	50	40	30	20	10	0
庚	己	戊	丁	丙	乙	甲	癸
申	未	午	巳	辰	卯	寅	丑
						火長生 起運	

庚金命：剛健得火而銳。

- 庚金生子月，水多金沉，洩氣太多，「得水而清」，不過水太多；「得火而銳」，喜見丁火煉金，但丁火太弱；「土潤則生」，丑土有起死回生之力，不過丑土太弱，是以全個八字就最喜愛丁火生丑土，是謂之「**官印相生**」格，不過火土太弱，必須要大運配合，方能成就大事業。
- 一出生行癸丑，癸傷丁、丑濕土，家庭變故，年少無辜。
- 十歲行甲寅，木火長生，聰明早露，年少英偉。
- 二十歲行乙卯，濕木生火，半浮半沉。
- 三十歲行丙辰，太陽之火，寒谷回春，丁財兩旺。
- 之後的丁巳、戊午、己未，一路南方大運，富貴可待而至。

（八）辛金

《滴天髓》：「辛金軟弱、溫潤而清，畏土之疊、樂水之盈，能扶社稷、能救生靈，熱則喜母、寒則喜丁。」

- 辛金是陰金，本質柔弱，最怕是土多，「**土多埋金**」就是指辛金而言。
- 辛金最喜水多，尤其壬水有沖刷之力，不論身弱身強，見壬水總是好。
- 辛金最怕見火，「**火旺金熔**」就是針對辛金而言。若火多則要用濕土，己土、辰土、丑土等洩火最好。
- 冬天的辛金太寒，是「**水冷金寒**」，需要火來解凍。
- 但見丙火透干，則與辛相合化水，反而減弱丙火的力量，故此最好是用丁火通根溫暖辛金。

例如：女命

命宮	胎元	卩	日元	印	食
甲	己	己 [circled]	辛	戊	癸
子	酉	亥 [circled]	卯	午	卯
		壬傷 甲財	乙才	丁殺 己卩(母)	乙才(父)
				破 bracket	破 bracket

濕土生金

78	68	58	48	38	28	18	8
丙	乙	甲	癸	壬	辛	庚	己
寅	丑	子	亥	戌	酉	申	未

辛金命：樂水之盈。

- 女命辛金生於午月，火旺月提，是**七殺格**，午火七殺為忌，必定出現婚姻煩惱。己土透出，又兼是**偏印格**，一生常有貴人出現。
- 癸水出干調候本好，可惜戊土亦透，吸乾癸水，是「畏土之疊」，就是指戊土。
- 喜得己亥時，火旺月最喜己土洩火，是「熱則喜母」，就是指濕潤的己土。
- 辛金最愛壬水沖洗，是「樂水之盈」，就是指壬水，一土一水，真神得用。
- 女命傷官，藝術成名。
- 行運八歲己未，土旺剋水，原命卯午相破，卯木偏財為父，午中己土為母，父母離婚之時。

- 行十八歲庚申，金生亥水，水長生地，比賽得獎，早年成名。
- 行二十八歲辛酉，沖動夫宮，酉金相破午火夫星，是感情變化。
- 行三十八歲壬戌，一喜一憂；直至四十八歲癸亥，壬水得祿，再次名利雙收，不但自己運好，兼且水為子女星，子女在此時亦有相當不俗的發展。

（九）壬水

《滴天髓》：「壬水通河、能洩金氣，剛中之德、周流不滯，通根透癸、沖天奔地，化則有情、從則相濟。」

- 壬是陽水，勢大力雄，凡八字內庚辛金多，一定要壬水洩金，因為癸水太弱，無洩金之力。
- 壬水流動如江海直下，沒有阻滯，只能用戊土止水、甲木洩水。但是如果壬水通根申、辰、丑、亥、子，再透癸水相助，就一發不可收拾，變成為忌神。
- 如果壬水太弱，成為從格，不論是從火、從土、從木、從金，都有滋潤萬物的功用。
- 壬水合丁火正財而化木，反而生助丁火，正是有情有義的表現。

例如：女命

命宮	胎元	殺	日元	劫	比
戊	甲	戊	壬	癸	壬
申	辰	申	子	丑	寅
		庚卩	癸劫	己官	甲食
		壬比		辛印	丙才
		戊殺		癸劫	戊殺

（子丑：合；申寅：沖）

71	61	51	41	31	21	11	1
乙	丙	丁	戊	己	庚	辛	壬
巳	午	未	申	酉	戌	亥	子

（庚戌、辛亥、壬子：水運阻滯）

壬水命通根沖天奔地

● 壬水沖奔，生於丑月，水土寒凍，申金合子成水局，金從水化，是「能洩金氣」。

● 壬水、癸水透出，地支有丑、子、申，是「通根透癸、沖天奔地」，水旺之極。旺水要洩要止，洩用陽木，止用陽土，喜見戊土透出，寅木在年，用神出現，不過戊土坐申，與寅相沖，是「若坐艮坤，怕沖宜靜」，力量不足；寅中甲木被申沖，而且「水多浮木」，也是有氣無力。

● 看行運二十七歲前的壬子、辛亥、庚運，金水增寒弱火，水多土蕩，運程、感情都不理想。直至二十七歲後的戊運，燥土吸水，通根戊土，寅戌會火局，解寅申之沖，婚姻成功之時。

（十）癸水

《滴天髓》：「癸水至弱、達於天津，得龍而運、功化斯神，不愁火土、不論庚辛，合戊見火、化象斯真。」

- 癸水屬陰，是極弱的水，好比雨露水蒸氣，但因為弱，反而有它的功用，只要有辰土微弱的通根，就可以發揮功效。
- 即使火土太多，只要有辰土的微根，就不怕火土來相逼；就因為癸水本質弱，不管有沒有庚辛金來相生，都可以生存。
- 不過，因癸水本質弱的緣故，如果遇到戊土，加上是夏令，或者八字火多，就很容易變成為「**化火格**」了。

例如：女命

命宮	胎元	財	日元	食(子)	比
癸	丙	丙	癸	(乙)	癸
亥	辰	辰	酉	丑	卯
		夫(戊)官 乙食 癸比	辛卩	己殺 辛卩 癸比	(乙)食 子

合：辰、酉

破：辰（戊官、乙食、癸比）、丑（己殺、辛卩、癸比）

73	63	53	43	33	23	13	3
癸	壬	辛	庚	己	(戊)	丁	丙
酉	申	未	午	巳	(辰)	卯	寅
					行子女宮，得子。		

癸水命至弱得龍而運

- 癸水生丑月，天寒地凍，水結成冰，五行最愛丙火解凍。
- 癸水通根於丑、辰，是「得龍而運」，只要有微根，就可以用財官，是「不愁火土」，是以行戊運結婚。
- 但原命丑土破辰土，夫星多變，以辰中戊土為正官，《滴天髓》論戊土：「戊土厚重……怕沖宜靜」，是說明戊土最怕不穩定，是以在戊運末辰運初離婚。
- 並且，在戊辰運生一子，原因是辰為子女宮，而本命年支見到卯木食神，要知道，年為十七八歲前，月干見乙木，月干二十四歲左右，故此命年月見食神，所以得子女較早。

至於她的兒子情況如何？

● 以乙木為子，則要看《滴天髓》論乙木：「乙木雖柔，刲羊、解牛，懷丁抱丙，跨鳳乘猴，虛濕之地，騎馬亦憂，藤蘿繫甲，可春可秋。」便知道乙木雖弱，可以剋制丑未土為財，只要有丙丁，就不怕申酉金。

● 看本命乙木冬生，水旺寒凍，坐丑為財，有丙火可用，不怕酉金相剋，是以可以判斷，她的兒子為人聰明，將來事業發展不俗，有財氣，與母有緣。

所以，只要弄清楚十天干的特性，算八字就事半功倍了。

《淵海子平》十干取用

命理古籍《淵海子平》中有一篇由醉醒子所作論十干性質的文章，甚有參考價值，可以與《滴天髓》十干論相比較，其中有很多共通之處。

甲木天干作首排，原無枝葉與根荄，
欲存天地千年久，直向泥沙萬丈埋。
斷就棟梁金得用，化成灰炭火為災，
蠢然塊物無機事，一任春秋自往來。

鄺注：甲是陽木，有辰丑未土可以為根，根深蒂固。
甲木若身強可用庚金，反而最怕火旺木焚。

乙木根荄種得深，只宜陽地不宜陰。
漂浮最怕多逢水，刻斫何須苦用金。
南去火炎災不淺，西行土重禍猶侵。
棟梁不是連根木，辨別工夫好用心。

鄺注：乙為陰木，最怕寒濕之地，植物無水潤火暖不生，最愛癸生丙暖。
水多則木浮，是反生為剋。
亦忌土金太重，則連根拔起矣。

丙火明明一太陽，原從正大立綱常。
洪光不獨窺千里，巨焰猶能遍八荒。
出世肯為浮木子，傳生不作濕泥娘。
江湖死水安能剋，惟怕成林木作殃。

鄺注：丙為陽火，光芒四射，故調候必定以丙為先，一見丙火，寒濕之氣立解。甲木見水多為浮木，如果見到丙火，則可以生土止水，解凍除寒。

丙火用壬水，是日照江河，只要配合得宜，不怕相剋。反而擔心木火太多，焚燒無餘。

丁火其形一燭燈，太陽相見奪光明。
得時能化千斤鐵，失令難熔一寸金。
雖少乾柴尤可引，縱多濕木不能生。
其間衰旺當分曉，旺比一爐衰一檠。

鄺注：丁是陰火，只要身強有力，便可以剋制庚金；但當身弱的時候，連辛金都剋制不了。

丁火最愛甲木引丁，因為甲是乾木；乙木為濕木，不能生丁。如果用乙木，則要丙火曬乙木，方可以引丁。

戊土城牆堤岸同，鎮江河海要根重，
柱中帶合形還壯，日下乘虛勢必崩。
力薄不勝金漏泄，功成安用木疏通。
平生最愛東南健，身旺東南健失中。

鄺注：戊為陽土，但凡制水必須用戊，但戊必須通根得地，即使癸水來相合，也可以合化成火，對戊土無傷。
但是最怕根基不穩及坐下相沖，則水多土亦會崩。
戊土太弱不喜金洩氣，又不愛木剋，最愛木火相生，則戊土有氣而穩健，加上命內水氣充足，可以潤土並為財星。

己土田園屬四維，坤深能為萬物基。
水金旺處身還弱，火土功成局最奇。
失令豈能埋劍戟，得時方可用鎡基。
漫誇印旺兼多合，不遇刑沖總不宜。

鄺注：己為陰土，帶濕氣，能生金，能洩火，能培木，但如果水太多，則己土流散，必須要丙火生及戊土來相助。己土遇金多則洩氣，必須用丙火。己生夏令，則身強可以用金。相反，如果火土太旺，而金水木不透，藏於土中，是為之財官入庫，必須要刑沖開庫，金水木才能為用。

庚金頑鈍性偏剛，火制功成怕水鄉。
夏產東南過鍛煉，秋生西北亦光芒。
水深反見他相剋，木旺能令我自傷。
戊己干支重遇土，不逢沖破即埋藏。

鄺注：庚為陽金，身強最喜火煉，尤其丁火，如果用火，則以見水為忌。
如果生在夏令，則火旺剋庚，金必銷熔，宜用水救。
如果庚生秋令，則金旺，若水多洩金，亦可以為用。
庚金冬生，水多則金沉，宜用土。
春生木多則金折，宜金助。
戊己土多則金埋，宜用木。

辛金珠玉性通靈，最愛陽和沙水清。
成就不勞炎火煅，滋扶偏愛濕泥生。
木多火旺宜西北，水冷金寒要丙丁。
坐祿通根身旺地，何愁厚土沒其形。

鄺注：辛為陰金，最愛丙暖、己生、壬洗。

最忌火多則金熔，尤忌丁火。

若身太弱而火太多，則可用己土洩火相生。

如命中木火多，要用金水相助並沖洗辛金。

若太寒則水多金多，要用丙丁火溫暖。

辛金最宜通根身旺，即使土來也不易埋沒，也可以用壬水、甲木來破土。

壬水汪洋並百川，漫流天下總無邊。
干支多聚成漂蕩，火土重逢涸本源。
養性結胎須未午，長生歸祿屬乾坤。
身強原自無財祿，西北行程厄少年。

鄺注：壬是陽水，沖天奔地，如干支水多，必須要火土齊來，如巳、午、未、戌、戌，才可相制。
水臨申為長生，亥為得祿，如水太旺，則必然木火土弱，即是財官食無氣，再行金水運，必然財祿不通矣。

癸水應非雨露麼，根通亥子即江河。
柱無坤坎身還弱，局有財官不尚多。
申子辰全成上格，午寅戌備要中和。
假饒火土生深夏，西北行程豈太過。

鄺注：癸是陰水，雖然柔弱，但如果有亥水、子水通根，就變成為大水了。
癸水若不見申、子、辰、丑，就是身弱，則不可以見太多火土，恐怕蒸乾癸水。
癸水見申子辰水局為身變強，再有寅午戌之類火局，便是身財兩旺，一生富貴。
癸水生夏令而火土很多，一變而為從格，又不宜行金水運了。

節氣深淺與月律分野

節氣深淺

節氣深淺是論五行強弱的重要資料，每一個八字都應該要仔細參考，情況如下：

立春（西曆二月四日）一日火方生，

雨水（西曆二月十九日）之中木正榮。

- 寅月是木得祿、火土長生、金絕地之時。
- 寅月上半月，是火剛開始生長，木與火都是初生長萌芽的時候，都是旺中之弱。

- 寅月下半月，是木氣開始旺盛而漸強，火亦隨之漸得力。

驚蟄（西曆三月五日）春分（西曆三月二十日）皆論木，其中輕重在三旬。

- 卯月是木陽刃之時。
- 卯月整個月木都非常旺盛。

木茂水聚清明（西曆四月四日）後，穀雨（西曆四月十九日）水土兩存形。

- 辰月是木餘氣、水墓庫之時。
- 辰月上半月，木依然有氣，而水氣也漸漸成形，但不以旺言。
- 辰月下半月，木漸衰而土最旺。

立夏（西曆五月五日）五朝尤是土，土金相會旺中旬，

小滿（西曆五月十九日）之時丙火用。

- 巳月是火土得祿、金長生、水絕地之時。
- 巳月開始時，土依然旺，火極有力量，而金氣開始形成，但不能言旺。
- 巳月下半月，都是火旺之時。

火土芒種（西曆六月六日）不須論，

夏至（西曆六月二十二日）陰生陽始極。

- 午月是火陽刃之時。
- 午月上半月火土最旺。
- 午月下半月是夏至後，陰氣漸成形，所謂「夏至一陰生」，金水之氣無形之中已經出現。

一交小暑（西曆七月七日）木存形，土最旺時交大暑（西曆七月二十二日）。

- 未月是火餘氣、木墓庫之時。
- 未月上半月，火依然旺，而木氣雖弱，但是老樹盤根，依然有氣。
- 未月下半月，土氣是一年之中最旺。

立秋（西曆八月八日）坤土五朝存，坤土既生金自旺，時逢處暑（西曆八月二十三日）水方生。

- 申月是金得祿、水長生、木絕地之時。
- 申月開始，土依然有餘氣，金的力量一路增強。
- 申月下半月，金得力而生水，水氣也自然有力了。

白露（西曆九月八日）秋分（西曆九月二十三日）金旺極。

- 酉月是金陽刃之時。
- 酉月一整個月內，金氣到達了最旺極之時。

寒露（西曆十月七日）七日尚言金，火土聚時霜降（西曆十月二十二日）後。

- 戌月是金餘氣、火墓庫之時。
- 戌月之初，金依然有餘力，而火土之氣一路成形。
- 戌月卜半月，火氣有墓庫餘光，而土之氣最盛。

立冬（西曆十一月七日）乾氣水將盈，二候一朝方用水，木須小雪（西曆十一月二十二日）始能生。

- 亥月是水得祿、木長生、火絕地之時。
- 亥月之初，土有餘氣，而水氣漸漸成勢。
- 亥月下半月，水氣旺而木得生。

大雪（西曆十二月七日）水生陰正極，陽生冬至（西曆十二月二十二日）火堪論。

- 子月是水陽刃之時。
- 子月上半月，水氣達到最強之勢。
- 子月下半月，水雖旺極，而冬至後陽氣已有生長之意，所謂「冬至一陽生」，就是此時。

小寒（西曆一月五日）火絕卻言水，
大寒（西曆一月二十日）金土兩存形。

- 丑月是水餘氣、金墓庫之時。
- 丑月上半月，水依然極旺，而金土之氣漸生。
- 丑月下半月，金有墓庫之餘力，而土氣漸漸流行於大地。

此是五行生旺理，
再憑造化定衰興。

月律分野

《淵海子平》中，有一個月律分野圖，是五行的旺弱深淺，按每一個節氣而按日分配用事，細表如下：

寅月：立春後戊土七日，丙火七日，甲木十六日
卯月：驚蟄後甲木十日，乙木二十日。
辰月：清明後乙木九日，癸水三日，戊土十八日。
巳日：立夏後戊土五日，庚金九日，丙火十六日。
午月：芒種後丙火十日，己土九日，丁火十一日。
未月：小暑後丁火九日，乙木三日，己土十八日。
申月：立秋後戊土十日，壬水三日，庚金十七日。
酉月：白露後庚金十日，辛金二十日。
戌月：寒露後辛金九日，丁火三日，戊土十八日。
亥月：立冬後戊土七日，甲木五日，壬水十八日。
子月：大雪後壬水十日，癸水二十日。
丑月：小寒後癸水九日，辛金三日，己土十八日。

這個用法是，每日都有當旺的天干五行司令，如果正值當令的天干，就是最旺的五行，能為用的，就是真正的格局。

第二章 轉盤法研究

轉盤六親論（一）

《淵海子平》一書，分析六親的看法，真實而透徹，但是宋朝以後的學者，大部分著作都將注意力集中在捉用神、論強弱，尤其是依賴《造化元鑰》，以致在判斷事情方面，欠缺火候，尤其是書房派的八字研究生。

《淵海子平》論六親，就是父母、兄弟、妻子、丈夫、子孫。以日干為主；正印正母；偏印偏母及祖父（父親之父親）也；偏財是父，乃母之夫星也（母親之官星、就是我的偏財），亦為偏妻；正財為妻，偏財為妾，也是父親；比肩為兄弟姊妹也；七殺是男，正官是女。

如此一環扣一環，其實就是「轉盤」的原理。

六親法最多爭論的，就是偏財為父，以及男命以官殺為子。

《滴天髓》作者任鐵樵辨正說：「以財為父者，後人之謬也，若據此為確論，則翁婦同宗，豈不失倫常……今當更正，

生我者為父母，偏正印綬是也，

我生者為子女，食神傷官是也，

我剋者為婦妾，偏正財星是也，

剋我者為官鬼，祖父是也，

同我者為兄弟，比肩劫財是也。」

命理學名著《命理約言》作者陳素庵也說明：「印不論偏正，但不遭沖剋，則父母俱全，扶抑合宜，則父母雙壽……食傷不遭沖剋，則有子……」。

這說法也時有應驗，原因就是，六神有不同的代表性，例如正偏印是生我、保護我、支持我的人，假如父親與我感情好，常常支持我，在這種情況下，這個支持我的人，就是正偏印，只不過他也是我的父親而已。

但是當我與父親感情不好，這個父親就不是支持我的人，就不能以正偏印為代表了；相反，他處處管束我母親，於是就要用剋我母親的「偏財」為父了。

所以，用偏財為父是按照正五行六神的常法，用之非常應驗；以正偏印為父母的方法，也不能夠說是錯誤，只是要看情況而論。

尤其是在現代社會，很多父母離婚、再嫁再婚、父死隨母長大、母死父再娶等等現象，不是單單以印為父母的說法可以分析得到的。

請看下例。

女命：

	日元		
乙	戊	乙	癸（父親）
卯	午（母親）	卯	卯
乙	丁 己	乙	乙

以財為父，以印為母。

- 戊土以午火為印，坐下印星有情，命中木多剋土，午火化旺木生戊土，也是用神。如單以印論父母，則應該父母雙全了，但事實此命自幼喪父，故坐下的午火，只是説明她與母親相依為命，緣分極好，互相愛護而已。
- 若以財論父，則癸水被戊土所合，癸水無根，就是「**印旺財空**」，父緣淡薄，明顯不過。

同理，食神、傷官，女命以食傷為子女，是公認肯定的説法，而男性以食傷為子或以官殺為子，則有分歧。

食神、傷官是代表晚輩或學生，總之我傳授知識的人，都可以用食傷為代表，不一定是子女。

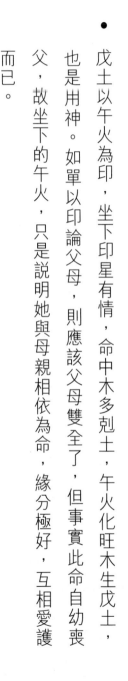

假如你的兒女與你感情非常好，則他的身份一方面是你的子女，另一方面也是你的學生、徒弟或身邊的晚輩。在這種情況下，即使你是男性，也可以用「食傷」為子女。

相反，你是男性，而你的兒女相當有個性，經常與你持相反意見，壓根兒不是你的學生，你也沒有傳授知識給他，那麼，就不能以食傷為子女，而是以剋我者「官殺」為子女了。

所以，男命以「官殺」為子女，是按照正五行六神的常法，用之非常應驗；而以食傷為子女的用法，也不能夠說是錯，是要按實際情況而定。

請看下頁命例。

男命：

財	日元	劫	卩
乙	**庚**	**辛**	**戊**
酉	**子**	**酉**	**戌**
辛劫	**癸**傷	**辛**劫	**戊**卩 **辛**劫 **丁**官

害

76	66	56	46	36	26	16	6
己	**戊**	**丁**	**丙**	**乙**	**甲**	**癸**	**壬**
巳	**辰**	**卯**	**寅**	**丑**	**子**	**亥**	**戌**

傷官當旺，
亦無子女。

男命以官殺為子女

● 庚金以子水為傷官，子水秋生，金生水旺，五行金旺極喜洩，以子水為用神，兼且由二十六歲起行甲子、乙丑二十年水運，傷官當旺，按道理，若單以食傷為子，應該子女不少吧？

實際上是，兩夫妻盡了最大的努力，看過不少名醫，也是無兒無女，膝下猶虛。

● 相反，以官殺論子女，則庚金以戌中丁火為子星，一則丁火入墓，二則秋火無焰，三則一路水運剋火，四則無刑開墓庫之物，無子女是肯定。

所以，不明白「轉盤」論命，就不知道古人六親立論的真正道理。

但有些時候，當官殺不出現，就會借用食傷為子，亦極應驗。

請看下頁命例。

男命：

卩	日元	劫	財
乙	**丁**	**丙**	**庚**
巳	**酉**	**戌**	**午**
丙劫 (**戊**)傷 **庚**財	**辛**才	(**戊**)傷 **辛**才 **丁**比	**丁**比 (**己**)食

男命無官殺，以食傷為子女。

● 丁火以水為子女，八字滴水不見，惟有借用食傷為子女，命中有戌中戊土、午中己土、巳中戊土，共三點土，生三子均成才。

所以，學者必須要從多角度去分析，不要抱殘守缺。

（注：任鐵樵與陳素庵都是發揚正統子平學的前輩與功臣，兩位的作品，後學者必須研究及揣摩。兩者對六親看法不同，只是觀點角度的分野。）

轉盤六親論（二）

《淵海子平》中談到六親的分析，其實相當具體。首先講到刑剋的問題：

「且如六親受剋何如？印綬見財，剋母及祖母也；見比劫陽刃，剋妻妾及父也；官殺多者，難為兄弟；傷官食神多，難為子息；梟印傷孫、剋祖母也。」

- 「印綬見財」，其實就是財行官殺運，所以受剋。
- 「比劫陽刃」，即是妻的官殺剋身，所以剋妻。
- 「傷官食神」，其實是官殺本身的官殺剋身，所以剋子。
- 「梟印傷孫」，其實就是食傷本身的官殺剋身，所以剋孫。

● 刑剋的情形很多，可以是過身，可以是疾病，可以是分離，也可以是意外事故，要看當事人六神的強弱。身強而剋弱，傷害較小；身弱而剋重，傷害較大。

● 再者就是，身邊人自己的感情生活，有沒有暗中情緣。

「譬如：正印作合、母不正；財作合、妻不正；正官作合、女不正；偏財作合、妾不正；比肩作合、姊妹不正；傷官作合、祖母不正；食神作合、孫女不正。」

● 所謂「不正」，就是指婚外情，或者一些不能結婚的戀情，例如三角戀之類。

● 這裏要説明，要看作合的是甚麼六神，一般而言，是要與六神本身「自己的比劫」相合，才是代表婚外戀等事。

「假如：甲日為主，見癸為母，見戊、辰為父及妾，見己、丑、未、午字，則與戊字相爭奪，又傷癸水，剋母之義明矣。」

- 原文其實已經講得很清楚明白，往往從八字看出父母婚姻出現問題、是否單親家庭、父母有否重婚等事情，都是從這些線索看出來。
- 重點是當事人的六神要身強，身強才能夠任桃花運；身弱有桃花運都是虛花無結果。
- 例如原文例子，甲以癸為母，癸母要身強，遇見戊、己，才是情夫；假使癸弱，遇見戊、己，只是剋身之病患。

下面再說的，都是以甲日主而言：

「見甲、寅字，剋父及妾；見庚、申字，主剋兄姐也；見乙、卯字，剋弟妹；見丙、巳字，剋子女也。餘做此。此必以歲運見何，則剋何人。」

請看下面的例子：

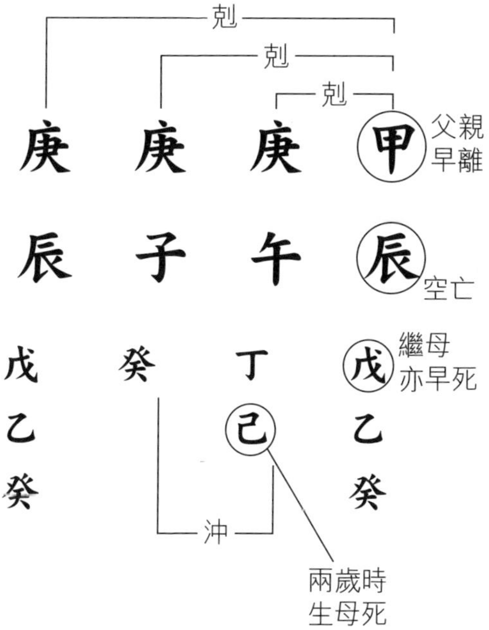

父母緣分淡薄

- 庚金命主，以偏財為父，甲木在年干，年月出現的偏財，可以肯定是代表父親，甲木受三庚之剋，兼且坐空亡之地，父親早離去。
- 以己土正印為生母，藏在午火之中，受到子水沖剋，生母在自己兩歲時過身。
- 以辰土為繼母，辰土空亡，繼母亦早過世。

再看以下例子。

女命：

卩	才	正夫	正夫
庚	丙	癸	癸
寅	寅	亥	巳
		偏夫	
甲食	甲食	壬	丙才
丙才	丙才	甲食	戊殺
戊殺	戊殺		庚卩

（丙、亥：合）

（甲、庚：沖）

夫星作合，夫不正。

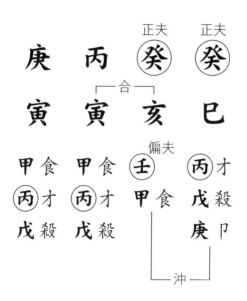

● 丙火命，生於亥月，火生冬季身極弱，以寅木吸水生火為用神，年月癸水為夫，年月夫星出現，必然早有姻緣，可惜年月相沖，婚姻早離。

● 亥水為偏夫，是情人，是男朋友，亥與寅合，寅中有丙，是亥水本身的情人，暗合是「暗渡陳倉」，秘密情人、地下情，這就是「**夫星作合，夫不正**」。

● 這個亥水情人一邊與寅合，一邊與巳沖，上面有兩個癸水劫財，是以未有結婚，與父無緣，兄弟不和睦，生意常常周轉不靈，經濟拮据，入不敷支，要命主接濟。

為甚麼與父無緣呢？

以「轉盤」看，亥水以巳為偏財，偏財與命相沖。

● 偏財為父，與父無緣。

- 財又為妻，與妻無緣。
- 劫財為兄弟，兄弟分財，與兄弟不睦。
- 這個亥水合寅，有三重意思：

（一）寅中有甲，甲是晚輩，可以與晚輩作合。

（二）寅中有丙，丙是金錢，可以是「發錢寒」。

（三）寅中有戊，戊是七殺，可以是「工作狂」。

- 重點是亥水合寅而化木，只戀寅木，不戀丙火。
- 這麼忙碌的一個人，能夠有空餘時間付出感情給丙火事主嗎？

總之，八字中的所有刑、沖、會、合，都一定與身邊的人事有關，是發生種種事情的真實反映，後學者務必要細心查找，不可以輕易放過。

轉盤論父母

（一）論父

「偏財是父，乃印綬之官星也。」

● 《淵海子平》原文開宗明義，其實就是轉盤論命的方法，例如以甲為例，癸生甲為母，癸水印綬以戊為官星，而戊是甲之偏財，故此以偏財代表父親，就是這個原因。

「如甲日以戊為父，再見甲寅字、或木局全，或臨死絕、沖刑之地，主剋父也，不然，主離異不睦，或疾病殘傷。若得庚字申字救，庶無大害。」

● 等於戊土本身殺重，用食神制，可以無大害。

「如甲旺戊衰，亦主有疾少靠。」

● 等於戊土本身殺重身輕，所以父親有疾病而不能依靠。

「如戊臨生旺、貴人、天月德地，亦主有貴，更得丙丁生助，享父之福無窮。」

● 等於戊土本身有印化殺生身，並帶天月德貴人，代表父親有地位，享到父親的福澤。

「如臨殺地，父死他鄉，居衰敗、受制之處，墓絕之地，主父平常，不得父力也。」

● 這個殺地，是戊土本身的殺地，例如戊臨寅或木局，代表父死於他鄉，坐卯就是敗地，坐申就是病地，坐亥就是絕地，坐戌就是墓地，代表父親運程平常，不得父親之力，要自己白手興家。

例如：男命

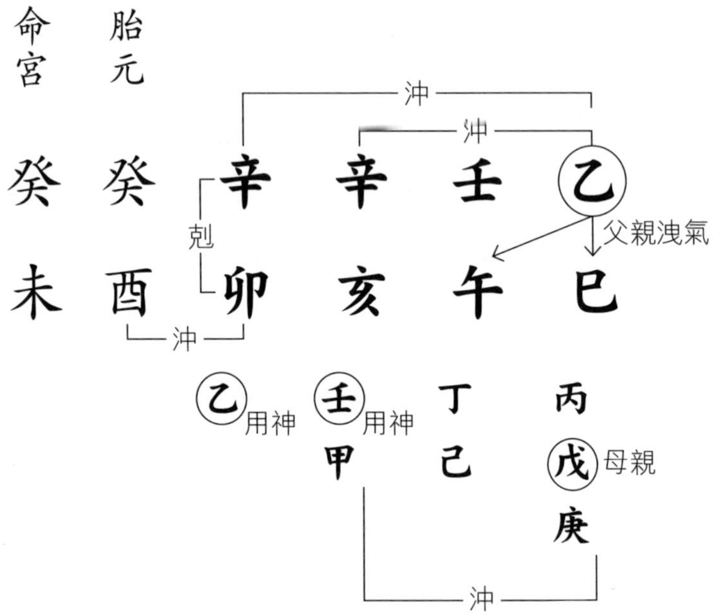

77	67	57	47	37	27	17	7
甲	乙	丙	丁	戊	己	庚	辛
戌	亥	子	丑	寅	卯	辰	巳

七歲前喪父

- 辛金以戊土正印為母，戊土以乙木為正官為夫，「印綬之官星也」，所以辛金以乙木為父。
- 乙木出現在年是父。
- 乙木生午月是洩氣。
- 坐下巳火又是洩氣，以壬水生木為救，但乙最喜癸水潤，壬水沖奔，是假生。
- 最忌是兩個辛金沖乙木。乙木通根卯木，但卯木被辛金蓋頭相剋，又與午火相破，自顧不暇，有心無力。
- 兼且胎元癸酉，沖破卯木。
- 父親於七歲前過身。

（二）論母

「正印者，乃生我之身也。如甲日以癸為母，遇己丑未、主剋母，見多主母嫁夫。」

● 等於是癸水本身殺重身輕，必然多病刑剋；如癸水身強，能受官殺，則官殺混雜，母必再嫁。

「一戊失地（戊乃癸之夫），或被剋，主母傷前夫，戊字受生，或印臨桃花沐浴，母有外情。」

● 甲以土為父，多土就母多夫，但必須要與母星發生刑沖合剋的關係，才可以斷多夫。

「如印長生，主母慈淑壽長，益和子母。」

- 是印星本身坐自己的長生，例如甲木為母，地支見亥，就是長生，母親必然得力而福壽。

「如臨羊刃、殺地，或值絕墓、孤寡，主母不賢，或有殘疾不睦，須以理推，無不驗矣。」

- 例如甲木為母，地支見卯為陽刃、見酉及金局為殺地、見申為絕地，或用唯一乙為父入墓於未，就代表母親緣分不佳，或多病，或不和。

請見下頁例子。

女命：

壬	庚	乙㊎夫	乙㊎夫
空亡 午	寅	坐剋 酉	巳
丁	甲（夫）	辛 傷	丙
（己）母	丙		（戊）生母
咸池 桃花	（戊）母		庚

刑 (linking the 寅 column's 戊 and the 巳 column's 庚)

破 (linking 午 and 酉)

父離母再嫁

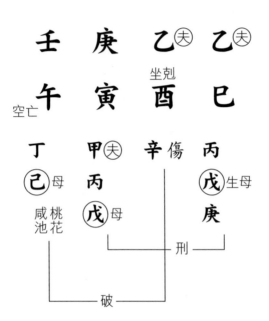

• 庚金以戊己土為母，戊土在年支巳火之內為生母，戊土之母以乙木為夫，兩乙透干，為兩夫，一乙坐酉，是坐於自己的七殺，所以一夫剋離而再嫁年干之乙。

以戊土轉盤看：

（一）戊生酉月是「**傷官格**」，上帶官星，就是「**傷官見官**」，離婚是必然的事。

（二）何況還有寅木七殺來相刑，寅木是戊土母親的官殺夫星。

（三）戊土本身也帶咸池桃花。巳酉丑桃花在午。

• 是以此命，父離母再嫁。

• 若以午中己土為母，則午火被酉破，而且午坐空亡，又不得力。

• 若以寅中戊土為母，又與巳火相刑，也是不得力。

所以，要看母親的緣分，以及母親自己的情況，必須要以全局的印星來判斷，就可以知道得一清二楚。

所以，有時候看看子女的八字，可以更了解自己的婚姻情況。對於一些不清楚自己八字的人士，我都會用他們子女的八字來推看他們的運氣，都相當應驗。

轉盤論兄弟姊妹

兄弟姐妹，最重要是看得力與不得力、有沒有刑剋、兄弟姐妹多少，都是討論的範圍。

論兄弟姐妹數目，一般是旺相多，休囚少；或照比劫數目論，但是又要配合社會時代。

以中國內地為例，過去是計劃生育，全國都是一個子女家庭，則不論命中有多少比劫，都是論一胎，即使不用「考時刻」的江湖方法，都絕對錯不了。但是在五六十年代的香港，人口就是勞動力，子女愈多愈好，看命又加以調整，很多時，除了以年月日時的比肩數論兄弟姐妹之外，還要加上胎元、命宮的比劫，才能算足。

但是我強調，這只是算命的支節，並不是重點。如果只算準兄弟姐妹數目，而忽略了全局進退取捨的重點，那又有甚麼用？

《淵海子平》論兄弟如下：

「比肩者，兄弟也。且如甲見甲為兄，乙為弟妹，寅卯亦然，陽見陽為兄弟，陰見陰為姊妹，陰見陽為兄，陽見陰為妹。見庚則剋兄，見辛則傷弟，甲木旺相，兄姐爭財；甲乙寅卯既多，則兄弟姐妹奪財不和，爭鬥是非。」

- 凡命中比肩劫財多，主兄弟姐妹爭財，尤其是身強財弱，最為明顯。
- 若命中身太弱而財太旺，則需要比肩劫財幫身取財，反而兄弟姐妹得力；若命中身弱而財又弱，則比劫幫身又剋財，兄弟姐妹也是幫倒忙。

「見己合甲，兄姐不正；見庚合乙，弟妹不正」。

- 若甲為兄，則甲合己必定惹桃花；若甲為姊，則為財而不正；而庚見乙，若乙為妹，則妹惹桃花，若乙為弟，則弟為名而不正，或有私生子女。

「如見殺多，乙木得局，是殺合會乙木而傷甲，此兄不若弟之福，借弟之力而加恃」。

- 此指甲木身弱殺重，乙木合局身強，甲借乙力敵七殺，是兄弟姐妹得力。

「甲木寅月，乙木受制，主兄旺弟衰，其餘和順不睦。」

- 此言甚是，乙生寅月，是甲旺，不是乙旺，雖然幫身，都是劫財，言兄弟姐妹不甚得力。

「但以八字休旺死絕推之，無不應驗矣。」

- 又月支為兄弟姐妹之宮，看比劫是月令的十二長生歷程的何種情況，是旺相？或休囚死？
- 例如丙丁火命，生於酉月死地、戌月墓地、亥月絕地、子月胎地，都是兄弟姐妹不得力的。
- 凡比肩劫財近在日主身邊的，都是有緣有分，只要不爭奪財星，都有好的兄弟姐妹緣。

請看下例。

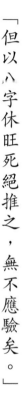

男命：

命	胎	兄弟姐妹	日元	傷	
乙	庚	丙	丁	己	庚
				合	合
酉	辰	午	巳	丑	子
		丁	丙	己	癸
		己	戊	辛	
			庚	癸	
		沖			沖

74	64	54	44	34	24	14	4
丁	丙	乙	甲	癸	壬	辛	庚
酉	申	未	午	巳	辰	卯	寅

合而解沖，兄弟和睦。

- 丁火生於丑月，休囚洩氣，丁火太弱，喜木生火，可惜無木，惟有以丙丁巳火幫身任洩，而最妙是有己丑土保護庚金，使丙午巳火不能劫財。
- 子水雖沖午火兄弟姐妹，但是又有丑土合水，合而解沖，並不能沖午，是以並無刑剋，弟妹和睦，互助互愛。

《淵海子平》論妻妾

古時的妾，就是現在社會的婚外情，都會在八字中出現。《淵海子平》論妻妾如下：

「正財為正妻，偏財妾也。甲木見己土為正財，戊土為偏財，又見乙木局亥卯未傷妻，甲寅剋妻也，更主妻不正。」

- 用轉盤看：就是妻星行官殺運，官殺剋身，可以是疾病，也可以是桃花，看五行配合情況而定。
- 妻星無力則多數是疾病，因為身弱不能任官殺；妻星有力，則多數應驗桃花外情，因身強可任官殺之故。

「財衰敗墓絕，主妻有疾不賢，否則年高再嫁」。

- 妻星無力、入墓、都是不利妻子的健康運，有是妻子出嫁時年紀較大，或者是妻子的年紀比自己大。

「見癸字，則妾不正（癸乃戊之財）。見己土丑未字，則主自安」。

- 甲以戊為妾，戊合癸，戊以癸為正財，是妾因貪財而不正，如果有己丑未土來分奪癸水財星，則反而無向外之心。

「比肩分奪、臨沐浴桃花，主妻妾私通」。

- 比肩就是妻子的官殺，就是追求者；妻星坐沐浴、桃花，即是子、午、卯、酉之地，亦主有外情。

「日下月下坐財官，主妻多內助，更得妻財」。

● 日支是妻宮，日坐財星是妻填妻位，主妻內助；日坐官星是官填妻位，主妻賢良。

● 「偏財得位，妾勝於妻；主財自旺，妻不容妾。」

● 偏財是二婚之妻，或者是妻之外的情人，看哪一個通根、身強、近日主、透出，都是比較有緣而常娶；尤其日坐偏財，必多外緣，所謂「日坐偏財妻妾眾」。

「官殺重見，妻招幹蠱可畏；財官並美，為人怕妻，見殺尤忌」。

● 官殺就是妻子的食神、傷官，妻帶食傷主意見多多而聰明，帶食神尤可，帶傷官主是非。

「財多身弱，妻反勝夫；財命有氣，妻妾和順，是得妻力」。

- 說明妻星與日元相比較強弱，財多身弱，則妻奪夫權；身強任財，則妻妾和洽。

「日坐空亡，難為妻妾。又看孤鸞之日，陽差陰錯，主剋妻，或因親致眷，寒房冷娶，入贅填房；女人犯此，主父母家陵替，或致訟事。」

- 日坐空亡，以年干支起，看日支空亡否？日坐空亡，妻緣多變，看六神配合而定何事。
- 陽差陰錯：丙子、丙午、丁丑，丁未、戊寅、戊申、辛卯、辛酉、壬辰、壬戌、癸巳、癸亥。
- 孤鸞日：《淵海子平》書中有古詩：「木虎孀無婿（甲寅），金豬豈有郎（辛亥），赤黃馬獨卧（丙午、戊午），黑鼠守空房（壬子）。」

以上都是單以干支論，可以參考，但是應該以六神為主。

例如：男命

命宮	胎元		日元		
		兄弟姐妹			
戊	己	己	辛	戊	丁
申	亥	丑	亥	申	未
		己	壬 用神	庚 官	己
		辛 杀	甲 妻	壬	乙 妾
		癸		戊	丁

沖（丑、未）
害（亥、申）
合（亥、未）

72	62	52	42	32	22	12	2
庚	辛	壬	癸	甲	乙	丙	丁
子	丑	寅	卯	辰	巳	午	未
					沖妻宮，離妻。		

男命去妻留妾

- 辛金生申月，秋金當旺，劫財月令，不利婚姻之兆。
- 以亥中甲木為正妻，妻填妻位，正妻賢良。
- 但是秋天金旺木死，妻星極弱，以亥中壬水偏印為用神，但可惜申亥害，妻宮受害，正妻星受傷，是不利於頭妻。
- 偏妻乙木，同時出現在年支，未土合入日支亥水，亥是妻宮，偏妻入妻宮，就是喧賓奪主，後來居上，行運二十二歲乙木妻星，姻緣桃花均早，二十七歲起巳火沖亥水妻宮，亥中有甲木正妻，去正留偏，妻離留妾。
- 但是木中乙木，同時也被丑時相沖，是合處逢沖，去留不定，又是聚少離多，異地情緣。

用乙木偏妻「轉盤」分析：

- 乙木合庚，為桃花。
- 乙木被丑中辛沖，也是桃花；乙木合入亥水，亥中有甲，甲是情敵，是情敵爭夫。
- 彼在妻宮有壬水生助，是強，是正室。
- 乙寄未為木墓庫而存，未是十，是乙木之財星，賴財而活，是弱，是偏房。

如此分析，是否覺得活靈活現？

轉盤論子息

子女的看法，按古法，男以官殺為子女，女以食傷為子女。

「七殺者，子也；如甲，見庚申是子、辛酉是女。若見丙午寅，或殺臨羊刃殺宮，主剋子，不然，疾病不肖」。

- 丙午寅，是庚申金的官殺，所以應驗疾病，或金坐於自己的七殺之地、子女必然多病或是不肖。

「遇戊己土得令，則子得力和順」。

- 庚辛金見戊己土生，以轉盤看，是庚辛金得印綬生身，則子女和順。

「見丙巳字，女不正，若臨沐浴桃花，更兼暗合，食神多者，其女私通；若殺臨長生、月德、天德所臨之地，貴人祿馬食神財鄉，言有強父貴子，要秉中和。（吉曜：天月德、天福、天官貴人之類）」

- 若以庚辛為女，見丙午巳為桃花，以轉盤看，是庚辛見丙丁為官殺，是男朋友，重點是有關係，例如三六合、暗合、刑沖害等，女必惹桃花。
- 而丙丁火是是甲木本身的食神，故言「食神多者，其女私通」，這就是宋朝已經流行的「轉盤」理論。不明真相的人，根本不會明白為何食神多就代表女私通，甚至乎有同行以為是打錯文字。

「陽日陽時、男見重，陽日陰時、先男後女，陰日陰時、女見重，陰日陽時、先女後男」。

- 這是論生男先或生女先，多不應驗。

「傷官見官，子孫兇頑；時上傷官及空亡，難為子息。」

● 傷官見官，是子女星本身七殺剋身，七殺重之人必頑固、主觀、衝動、脾氣大。

「女命，取傷官是子，食神是女。若見印綬梟神，難得也。」

● 印綬，就是食傷本身的官殺星，官殺剋身，所以難得子女，或者得子女而不肖、多病，或者小產、夭折等事。

「男命官殺得地，而稟中和者，言其有子」。

● 不論男女，命主中和，子女星得地，都會有兒女。

「將生成之數斷之，生旺倍加，死絕減半」。

- 生成之數：
一六屬水，二七屬火，
三八屬木，四九屬金，
五十屬土。
例如以水為子女，多則六、少則一，餘類推。

「太過不及，不以此斷。太過有子而多剋夭、或兇頑不及則少生養。官殺得地而有扶助、吉曜多者，其子忠孝賢明，居休囚死絕、破敗衰病、勾絞、元凶、空虛之地，則子當不肖、貧賤疾病之子，更兼孤神寡宿，主孤苦伶仃。」

- 子女星旺相有氣，子女忠孝賢良。
- 又可以用神煞為判斷，亦有應驗。

「且如甲子之日、甲子之時，庚死於子，
長生四子中旬半，沐浴一雙保吉祥，
冠帶臨官三子位，旺中五子自成行，
衰中一子病中一，死中至老無兒郎，
墓中必養他人子，入庫之時命夭亡，
受氣為絕一個子，腹中頭胎是姑娘，
養中三子只留一，男女宮中細端詳，
依此推之。」

- 這是以日與時支上看，子女星五行的長生十二歷程是甚麼位置，以作判斷，可以參考。

「且如八字中若無子星，時上子星又不生旺，而運行官殺旺鄉，主有子，運過卻無。如柱中有官殺，而行傷食休衰絕弱之運，傷損其子，運過方存。」

- 這是指，命中無子星，行運出現子星，亦有得子機會。

「八字有一殺一子，二殺二子，無殺無子，如柱中身殺兩停，而殺逢旺鄉，就作多子斷之。亦看財神何如，逐時增減、多寡推之，無不驗矣。」

- 這是一般看子女數目的方法，照八字子女數目看，總之，旺相加倍，過旺反而變少；休囚減半，弱而有生助反而多。

請看下頁例子。

女命：

命宮	胎元	殺	日元	官	印	
己	癸	癸	丁	壬	甲	生
巳	亥	卯	巳	申	午	
		乙卩	丙劫	庚財	丁比	
			戊子女	壬官	己子女	
			庚財	戊子女		

生

77	67	57	47	37	27	17	7
甲	乙	丙	丁	戊	己	庚	辛
子	丑	寅	卯	辰	巳	午	未
				戊	丙	丁	
				乙	戊	己	
				癸	庚		

食傷得子女運

食傷有氣，一女三男。

● 丁火女命以土之食傷為子女星，土生秋令漸弱，但午中己土有丁火生，巳中戊土有丙火生，更有甲卯生火，戊己有力；而丁火本身通根午火、有甲木相生，身秉中和而食傷星有氣，可以判斷為多子女。

● 原命三點土，行運十七歲起庚午，土得火生，連午火大運一點己土，十年之間，生一女三男。

轉盤論大運

首先，大運的看法，是要以八字本身為根，原命財官有根，行財官運發；原命無財官，行財官運反敗，這就是「原有原無，原輕原重」，這一概念，非常重要。很多人行財官運都不發達，就是這個原因。

其次，看大運要改變以往以日元為主線的單一概念，而是要全盤觀看。

同一個大運，對於八字之中不同的六神，就有不同的代表。

例如：丁火日元行亥子水運，就是行官殺運了。如果丁火身弱，就是辛勞、小人、是非運；如果丁火身強，就變成名氣、掌權、得子。

同一八字內的庚金，是丁火的妻子，行亥子運，就是變成妻子行食傷運了。如果庚金身強，就會添丁、享受、心廣體胖；如果庚金身弱，就會生病、神經衰弱、為子女操心。

同一八字內的壬水，假如是女命，就是丁火的丈夫，行亥子運，就變成了丈夫行比劫運。假如壬水本身身弱，就會得到朋友的幫助；如果壬水身強，就會招來損友。餘此類推。

如此分析，運氣難以十全十美，有時行一個大運，是自己好，而身邊人不好；或者是身邊人好，而自己不好。一個真正的好運，要自己及身邊親人都行好運的，是十分難遇到，幸福不是必然。

《淵海子平》論大運說：

「子平之法，大運看支，歲君看干……東南西北四方轉角，謂之接木；格局凶者死，格局善者災。

寅卯辰一氣，申酉戌一氣，亥子丑一氣；氣之相連，皆非接木之說。」

- 大運以地支為重。
  寅卯辰是東方木運，
  巳午未是南方火運，
  申酉戌是西方金運，
  亥子丑是北方水運。
- 所謂轉角運，就是：
  辰轉巳、巳轉辰，
  未轉申、申轉未，

戌轉亥、亥轉戌，

丑轉寅、寅轉丑。

凡轉角運，都代表人生的環境有大變化，好壞要看是否用神。

「甲乙得寅卯運，名曰劫財敗財，主剋父母及剋妻、破財爭鬥之事；

行丙丁巳午運，名傷官，主剋子女、訟事、囚繫；

庚辛申酉七殺官鄉，主得名，發越太過，則災病惡疾；

行壬癸亥子生氣印綬運，主吉慶增產；

辰戌丑未戊己財運，主名利皆通。

此乃死法譬喻，須隨格局喜忌推之，不可執一；妙在識其通變，拙說如神。

干旺宜行衰運，干弱宜旺運；正乃干弱求氣旺之藉，有餘則不足之營，須要通變。」

- 重點就是平衡命中所有六神，不單單是日元本身的強弱。

「更兼孤害、空亡、勾絞、喪門、弔客、宅墓、病、死、官符、白虎諸殺推之，其驗如神。」

- 神煞論命法，可以補充六神的推論結果，例如行七殺運，加上是喪門、弔客，則必然是孝服事而傷身及官司。

「又一法：陽刃桃花、伏吟反吟、休、囚、死、絕、衰、敗者凶。遇帝旺、臨官、祿馬、貴人、生、養、冠帶、庫者吉；如空者凶。空者反吉，吉者反凶。」

● 陽刃主血光、桃花主外緣、伏吟主靜守、反吟主動變、吉神不宜空、凶神空滅凶、祿神主享受、驛馬主外出、貴人主助力，都是非常應驗。

「大運不宜與太歲相剋、相沖者凶；更刑、沖、相剋者亦忌。歲沖剋運者吉；運剋歲者凶，格局不吉者死。歲運相生者吉，祿馬、貴人、合交互者亦吉。宜仔細推之，無有不應驗者矣！」

● 說明大運與太歲的關係，太歲為君是外來的，大運是自身的，太歲剋運尤可；運剋太歲是犯上則凶。

請看下頁例子。

命宮	胎元	食	日元	才	食
丙	乙	壬	庚	甲	壬
午	巳	午	寅	辰	寅

丁官	甲才	戊卩	甲才
己印	丙殺	乙財	丙殺
	戊卩	癸傷	戊卩

75	65	55	45	35	25	15	5
丙	丁	戊	己	庚	辛	壬	癸
申	酉	戌	亥	子	丑	寅	卯

夫之財運

自身財旺，夫桃花多。

● 庚金生於辰月，土生金不弱，但終究是春夏之金，並不言旺，而且滿盤水木火洩氣，是身稍弱，行運幫身不忌；午火夫星，有寅木合而相生，能受財祿，是一個相對夫星與自己都能夠得到平衡的命，能旺夫，能受子女福。

● 行運二十五歲辛丑，土金相生，幫身任財官，結婚添丁；庚運比肩幫身亦好。但在另一方面，以「轉盤」看，土金是丁火的食神、財星，丁火身強，能任財，所以既能賺錢，又能惹桃花，而且丁火生於辰月，本身就是傷官格，都是風流人物。

● 所以這個金運，有下列四點：

第一，令到庚金增加財祿地位。

第二，帶動丈夫的財祿與桃花。

第三，金生水，水是食神，也增加了添丁運。
第四，丑土破辰土父母宮，必定有長輩人口不平安的事情發生。

● 還有很多種其他事情，留待大家去發掘。

換個角色可轉運

常聽人說：「假如我是李超人的兒子或孫子就好了；假如我是某某富豪的女朋友就好了……」當然，事實是不可能會改變的，只是大家拿來開玩笑而已。

但是在子平命理的世界之中，如果能夠改變角色，就真的可以改變命運。

八字中的六神，就是身邊人，六神有各自的旺相休囚死，有各自的興衰，也就是代表身邊人有各自的興衰。

一般而言：

官殺：是丈夫、也是上司、也是男命的子女。

食傷：是女命的子女、是下屬、徒弟。

比劫：是朋友、是情敵、是合伙人。

正偏印：是母親、是師傅、是保護我的人。

正偏財：是妻妾、是女朋友、是父親。

你滿意現在的六親關係嗎？總不會全部滿意的，但是可以改變嗎？

例如：你命中的印星受到刑沖剋害，代表與母親關係出問題，或者剋母；於是有人提議，可以改口不稱呼母親為母，改叫：「嬸嬸」或「阿姨」。

又例如：命中的財星受到刑沖剋害，代表與父親關係出問題，或者剋父；於是有人提議，改口不稱呼父親為父，改叫：「阿叔」或「阿伯」。

這是一般人的基本做法，但只是稱呼的改變，並不是角色的改變。

不過，有沒有想過，一個人既可以是妻子，也可以是老闆呢？

例子：男命

命宮	胎元	卩	日元	官	比
壬	丙	丙	戊	乙	戊
戊	午	辰	寅	卯	申
		戊比	甲殺	乙官	庚食
		乙官	丙卩		壬才
		癸財	戊比		戊比

沖

79	69	59	49	39	29	19	9
癸	壬	辛	庚	己	戊	丁	丙
亥	戌	酉	申	未	午	巳	辰

戊土劫財運

妻星逢沖，本身財弱。

- 戊土生於卯月「**正官格**」，命中寅卯辰全，乙木透出，成方成局，而戊土則以丙火生身化官殺為用神，是典型的上司貴人命格，可以帶旺老闆，工作的公司都會有很大的發展。
- 戊土是身強之命，可以用財星。
- 現在看財星在命中的強弱，用申中之壬水為財，春水弱、再被寅沖，財星弱之極了，代表夫妻緣分不洽，感情多阻，生離死別，並且有金錢煩惱，按理應該是妻財兩損。
- 再看人運四十九歲之前，經歷丙辰、丁巳、戊午、己未，一路財弱運，如何能過？但事情的關鍵是，他在太太的公司裏上班，於是，他的「太太」也是他的「上司」。

命中自己財星極弱，那麼他的「上司」財氣如何呢？

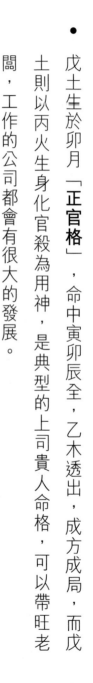

現在用「轉盤」看看：

命宮	胎元	傷	財	妻子又是上司	財
壬	丙	丙	戊	乙	戊
戊	午	辰	寅	卯	申
		戊財	甲劫	乙比	庚官
		乙比	丙傷		壬印
		癸卩	戊財		戊財

沖（寅中戊財與申中戊財）

79	69	59	49	39	29	19	9
癸	壬	辛	庚	己	戊	丁	丙
亥	戌	酉	申	未	午	巳	辰

乙木之財運（未、午、巳）

妻子變為上司

- 戊土以乙木為「上司」，春天木旺極，月令卯中乙木透出，以丙火洩木生戊土為財，而戊土通根辰土，又有丙火之生，乙木的財星旺極，所以他「上司」的財氣很好。
- 行運經歷戊午、己未，也是他「上司」的財運，所以過去不單沒有金錢煩惱，也不剋妻，就是因為將「妻子」的角色變為「上司」的結果，也就是「**角色轉換法**」。
- 在四十九歲之前，不要稱呼太太的名字，不能叫愛人，不能叫「打令」，要稱呼太太為「老總」、「領導」、「老闆」。
- 四十九歲之前旺老闆之財；老闆是太太，太太有財，自己也不會差到哪裏。

- 四十九歲起行庚申運，金來牛水，生助財星，財星由弱轉強，到時就可以改口叫「老闆」為「打令」了。

這就是六神改變角色之妙。

你與你們的子女不和嗎？

有子女的管教問題嗎？

是不是命中的官殺或食傷出了問題？

有沒有考慮將子女的角色改成為「比劫」，把他們作為朋友一般地看待呢？

借妻安子法

算命的目的是甚麼？就是趨吉避凶。

中國古時以父系社會主導，注重承繼產業，於是有「不孝有三，無後為大」的觀念，以傳宗接代為首要任務。沒有子女的，都要千方百計尋找解決方法，於是就有「**借妻安子法**」的出現。

方法就是，找一個合適的女性，或乳母，或繼母，就無子變有子了，方法如下：

古有借妻安子，其理極玄。
木兒見鬼，得北方坎女多存。

● 假如男命，以木為子女，而命中金多，即是「木兒見鬼」，鬼就是官殺，可以找一個來自北方，而且屬水年命的女子來化解。

例如：申子辰亥壬癸年出生女子。

水子遇煞，賴西方兑妻可養。

● 假如男命，以水為子女，而命內土多剋水，應主無子女，於是找一個來自西方，而且屬金年出生的女子作妻子來化解。

例如：巳酉丑申庚辛年出生的女子。

水制火男，借青龍為乳母。

● 假如男命，以火為子女星，而命中水多，則找一個來自東方、亥卯未寅甲乙年出生的乳母，亦可以有幫助。

木損土兌，覓朱雀為繼娘。

• 假如男命，以土為子女，命中木多剋子女，則可以找一個來自南方、寅午戌巳丙丁年出生的女子為繼母，都可望有後嗣。

五行有損，須借相生。
四柱雖剋，亦多無害。
若不借母安子。豈能後嗣不乏。

• 說明白，就是五行相剋，用通關的方法化解，只不過古人說得比較玄而已。

請看下面的實例。

男命：

命宮	胎元	食	日元	印	比
丁	丙	戊	丙	乙	丙
酉	戌	子	午	未	申
		癸官	丁劫	己傷	庚才
			己傷	乙印	壬殺
				丁劫	戊食

（丙——壬殺：沖剋；癸官——己傷：沖）

80	70	60	50	40	30	20	10	0
甲	癸	壬	辛	庚	己	戊	丁	丙
辰	卯	寅	丑	子	亥	戌	酉	申

子水遇殺，西方兌妻可養。

● 男命丙火生於未月，火土旺相，坐下陽刃，日主旺極了，以水為子女星，了午相沖，旺火沖弱水，子女官逢沖，子星不顯。

● 另一壬水藏於申金之內，被申上丙火蓋頭，也是有氣無力，正是「水子遇殺，賴西方兑妻可養」。

現看看他妻子的八字：

命	胎	食	日元	比	財
庚	癸	甲	壬	壬	丁
戊	巳	辰	申	寅	㊍酉

申寅沖

戊殺	庚卩	甲食	辛印
乙傷	壬比	丙才	
癸劫	戊殺	戊殺	

子 三合水局

72	62	52	42	32	22	12	2
庚	己	戊	丁	丙	乙	甲	癸
戊	酉	申	未	午	巳	辰	卯

午：弱土逢生

巳：結婚生子

嫁夫火旺，無子變有子。

- 正好是酉年生，就是「兑妻」。不單如此，看女命生於申日、辰時，與男命的子星三合水局，解男命的子午沖，則無子變有子了。這對夫妻在三十歲前已經結婚，並生一子。

現在反過來看女命：

- 壬水生於寅月，甲木透出，食神格。壬水通根申辰有力，又有酉金生水，為不弱，可用財官食了。
- 但申寅相沖，子星逢沖不穩，主不利於生兒育女，兼且辰土夫星太弱；女命夫星太弱，何來有子女？五行必須以火救夫星、存子星，是故必須配火年命及八字內火多之夫為好。看她丈夫生於丙年、丙日、未月，火足夠旺，故此可以化解命中五行，得以早結婚及早得子了。

此法的引伸，不單是「**借妻安子**」，反過來也可以用作「**借夫安子**」。

● 查妻子的行運：二十六歲行巳火運，火生土旺，弱夫逢生，結婚生子之時，之後行丙午、丁未運，旺夫益子，可以預卜。

那麼，究竟是她自己行火運得子，還是「**借妻安子**」法得子呢？我的看法是雙方面都要配合。

假如命中妻星太弱入絕地，則根本找不到好的對象，何來借妻？

無子女的八字命理是：

● 男命以官殺為子女，官殺太弱，而食神傷官太重，剋制官殺，主無子女。

● 女命以食神傷官為子女，食傷太弱，而正偏印星太重，剋制食傷，主無子女。

- 時支為子女宮，受到刑、沖、害。
- 火炎土燥、水冷金寒，主無子女。

以上種種情況，都可以用「**借妻安子**」或「**借夫安子**」的方法去調整，而現代醫學發展進步，有人工受孕的方法，所以「**借醫安子**」也是其中一種有效方法。

此外，又可以「**借會合解刑沖**」而得子。

例如以下男命：

命宮	胎元	食	日元	財	傷	妻命
丁	乙	癸	辛	甲	壬	甲財
未	未	巳	亥	辰	辰	午
		丙官	壬傷	戊印	戊印	丁殺
		戊印	甲財	乙才	乙才	己卩
		庚劫		癸食	癸食	

財 生 午

庚 沖 甲

甲 合解沖 己

71	61	51	41	31	21	11	1
壬	辛	庚	(己)	(戊)	(丁)	(丙)	乙
子	亥	戌	(酉)	(申)	(未)	(午)	巳
			合巳	合巳	合亥	合亥	

一路旺丁運

借妻安子，無子變有子。

- 辛金生於辰月，土旺月提，以巳火官星為子女，唯一官星在時支子女宮，謂之「**子填子位**」，本主滿堂子女，但是亥巳沖，「**傷官見官**」，星宮同沖，上又有癸水蓋頭，弱之極了，子星有等於無。
- 但娶妻甲午年生，甲木生火，最妙是午火合亥水解沖，深得「**借妻安子**」之法。
- 二十一歲起行丁未大運，生一女三子，滿堂喜慶；之後的大運是三十一歲戊申，申合巳時子女宮；四十一歲己酉，合巳時子女宮，是以一路可以得到好的子女緣。

這就是「**水制火男，借青龍為乳母**」的精彩演繹。當然，當事人都是需要有大運的幫助，運行丁未十年，未亥解沖，丁為子星，人事與天時互相配合，才能夠事半功倍。

八字相對論

我們現在學習的子平命理，即《淵海子平》算命的道理，是由唐朝大夫李虛中始創。利用一個人的出生年、月、日、時，加上生剋制化、五行旺相休囚的道理，來判斷人生的吉凶禍福，據說非常靈驗。

李虛中去世後，名士大夫韓愈昌黎，為他的墓誌銘記錄此事。

後來，這套學問又經另一大夫呂才再統一整理，但並無著作遺留後世。

到了宋朝，有學者徐升，以人的出生日期為主，分為六神，論事分析，仔細入微，於是著作《淵海》、《淵源》等命理書籍，集合了各家大成，之後這種算命方式一路流傳了數百年，期間有不少其他學者都有評注《淵海》、《淵源》二書。

到了明朝崇禎七年，有唐錦池君，請精通命理的學者，將此兩書的精華合併為一，增加一些口訣，糾正一些錯訛，之後一直流傳至二十一世紀的今天。

後人又因子平命之為名，認為八字學問的精神，好比天秤一樣，要互相比較日主與其他五行，這可謂比喻得相當貼切。

如果要用「轉盤」來論命，不單用「天秤」，更要用「相對」的看法，無以名之，我名之為「**子平相對論**」。為甚麼呢？因為：

- 要看夫妻間感情與關係，就要用日元與財星或官殺，相對比較。
- 要看子女問題，就要用日元與食傷或官殺，相對比較。
- 要看財運，就要用日元與財星，相對比較。
- 要看工作或官司，就要用日元與官殺，相對比較。

餘此類推。

請看以下女命：

命宮	胎元	財	自己	丈夫	印
辛	丙	壬	㊀己	㊀乙	丙
丑	戌	申	亥	未	戌
		庚傷	壬財	己比	戊劫
		壬財	甲官	乙殺	辛食
		戊劫		丁卩	丁卩

75	65	55	45	35	25	15	5
				合火	結婚		
丁	戊	己	庚	辛	壬	癸	甲
亥	子	丑	寅	卯	辰	巳	午

寅 → 傷官見官，兩敗俱傷，離婚

卯 → 木得祿 乙木勝

辰 → 平手 生女

巳 → 沖亥水 己土勝

己土乙木互相較量

看夫妻情況，以日元與官殺比拼較量：

- 己土生未月，強而有力，有丙戌火土為助，得月令，旺之極，有申金可以制木，身強不怕洩，申金是對付乙木的最佳武器。
- 反觀乙木，生未月燥熱，未中有微根，丙戌洩氣，丙火更生己土，乙木更弱，還要花精神迎合己土，所以必須要水生木，今有壬水通根亥水為靠山，但是中間有己土阻擋，乙木弱矣。
- 是以可以很清楚知道，家中大小事務應該是誰人主導。
- 但是這場比拼，會在不同的大運而產生變化。

大家試看看：

- 以十五歲起開始戀愛起計，行癸巳運，巳沖亥，原命無癸，癸水特性至弱，必須強根才有用，癸無根而原命火土旺，有等於無；巳沖原命亥而且生土，水更弱土更旺，是以第一回合結果：己土完勝。

- 但因為乙木不成氣候，所以這段時期即使有戀愛，都不會在這時結婚，甚至要經歷失戀。
- 二十五歲行壬辰運，壬水生乙木，原有壬，有源之水，行運力量最大，水剋火弱土；辰運一方面濕土助乙，一則土助己土，兩兩得用，打平，但終歸得力於壬水，故此，第二回合乙木勝。所以在壬運結婚，辰運得女。
- 三十五歲行辛卯運，辛金合丙火，弱火不生土，卯木通根乙木；所以，第三回合，乙木完勝。在這十年丈夫事業穩定，夫妻感情穩定。

- 四十五歲行庚寅運，庚金合乙更弱，寅合亥，寅沖申，申是太太的武器，朋友幫助乙木反抗己土，這回合，兩敗俱傷。

加上己土本身是申金傷官，與寅木官星相沖，就「**傷官見官**」；而用「轉盤」看乙木本身，丙火傷官，見庚金正官，也是「**傷官見官**」。

這種從雙方的角度都出現「**傷官見官**」的情況，生離死別、疾病等事情，是逃避不了。

就在這段時間內，兩夫妻正式離婚。

因何事離婚呢？

用乙木「轉盤」看：

印	才	丈夫	傷官
壬	己	乙	丙
申	亥	未	戌
庚官	壬印	己才	戊財
壬印	甲劫	乙比	辛殺
戊財		丁食	丁食
		坐偏財 是桃花	

沖子女宮

傷官見官

75	65	55	45	35	25	15	5
丁	戊	己	庚	辛	壬	癸	甲
亥	子	丑	寅	卯	辰	巳	午

卯 → 助乙木
任偏財

惹桃花生子而離婚

- 傷官要風流，坐偏財是桃花，「**命坐偏財妻妾眾**」，唯是身弱不能任雙妻，要等到卯運助起日元，才是桃花運最旺之時。
- 行庚運合乙，庚金正官是誰？是乙木的兒女，偏妻生一子，但是「**傷官剋官**」，為這兒子而生出很多是非。
- 兼且，行寅運沖申，申是正官，是原來先前頭妻所生的女兒，女兒被沖，結果是，離婚後女兒跟母親生活。
- 所以，很多時候丈夫行旺運，事業是好了，但又惹了桃花，原因就在於此。

如果了解「**八字相對論**」，就不會單方面去看一件事情，論命就會絲絲入扣。

第三章 真實命例分析

她是一個棄嬰

研究八字，最理想是用一些自己知道的真實個案去研究，因為某些書本裏面提供的八字，很多時是沒有真憑實據的，或者從互聯網抄下來，然後大造文章，結果與事實不符，勉強解釋，打亂了自己研究的方向，其實可能自己的判斷正確，但被錯誤資料影響了以後判斷的方法與思路。

許多名人、將相的出生日期八字，都有多過一個版本的記載，就以國父孫中山的八字為例，就有兩個不同的版本。

從書本上研究古代名人的八字，比如帝王、將相等，是很難證實那些資料是正確的。大家想想，真正帝王的八字，是這麼容易給大家知道的嗎？就好像現代的娛樂圈名人，很多時網絡上所流傳他們的出生資料，都會被有意無意地弄錯，有些情況則是新舊曆的錯誤。

其次就是出生時間的錯誤，不去考證出生時，不去考證出生地點的時區，而勉強湊合的例子，比比皆是。

所以，對於一些知道真實時間、事實真相的命例，要非常珍惜，這是研究術數的重要態度。多看真實生活中的命例，功力很快會提升，不至於被誤導。

以下就是一個真實的事例。

這是某年一個近聖誕的日子，報章新聞報道，在某地點發現了一名棄嬰，女孩子，並附上了該名棄嬰的出生年、月、日、時。

這樣的資料怎可以錯過？下頁排開她的八字：

命宮	胎元	官	日元	傷	印
癸	辛	甲	己	庚	丙
巳	卯	子	丑	子	子
		癸才	己比	癸才	癸才
		天乙貴人	辛食	天乙貴人	天乙貴人
			癸才		

74	64	54	44	34	24	14	4
壬	癸	甲	乙	丙	丁	戊	己
辰	巳	午	未	申	酉	戌	亥

財太旺主過房棄養

初學八字的朋友看見這個八字，可能認為己土生於子月，偏財格，坐下丑土通根，有丙火相生，格局不錯，兼且子水是天乙貴人、丑土是年干天乙貴人，怎麼會是棄嬰？

其實，細心讀過我所著的《子平通考》的讀者，都應該知道，這是很一個明顯與親生父母緣分淡薄的八字。

《淵海子平》中提到一項：「財太旺者非過房螟蛉」，螟蛉就是養子的意思。

- 這個命，己土日元，特性是濕而弱，子水偏財是旺極，加上兩子水之助，而丑又是濕土，這子水已經結成冰塊了，這財真是旺極了。

但是為甚麼財旺就會過房呢？

- 這是因為：財旺就一定剋印，印可以是父母，可以是保護我長大的正常環境，特別以印為母，於是就母緣淡薄，或者是在非一般的環境之下長大，例如孤兒院、寄養家庭等。在某些情況下是隨母改嫁，生父再娶。
- 況且，本身是庚金透出與甲木相沖，是「**傷官見官**」，為禍百端，麻煩事極多。

這命的丙火為母，從左頁的「轉盤」看到：

- 丙火生子月正官格，官多變殺，男朋友或丈夫變成為剋身之物。
- 水剋火要用甲木救丙，命中雖然有甲木透干，但甲木被己土所合，變而為無用了，她的母親變成了「**官重身輕**」，身弱不能任官殺了。

命宮	胎元	𠬝	傷	才	
		用神被合			母親
		合	合		
癸	辛	甲	己	庚	丙
巳	卯	子	丑	子	子
		癸官	己傷 辛財 癸官	癸官	癸官

74	64	54	44	34	24	14	4
壬	癸	甲	乙	丙	丁	戊	己
辰	巳	午	未	申	酉	戌	亥

母親官多變殺

至於她的父親為何也離棄她呢？再以「轉盤」看：

命宮	胎元	食	殺	印	財
癸	辛	甲	己	庚	丙
巳	卯	子	丑	(子)	子
				父親	
		癸才	己殺		癸比
			乙食		
			丁才		

子水劫財

74	64	54	44	34	24	14	4
壬	癸	甲	乙	丙	丁	戊	己
辰	巳	午	未	申	酉	戌	亥

父親比肩奪財

- 八字以子水偏財為父，年干子水與丙火同柱，丙是子水的財星為妻，而子水是比肩旺極，是劫財之星，又有金生子水，己丑濕土不能為用，甲木傷官也被己合住，有等於無，於是她的父親變成「**比劫分財**」，是被別人劫奪金錢及妻子的格局了。

當日報刊的報道指：「遭遺棄的嬰孩大部分是失去父母的嬰兒，被親生父母遺棄或是私生子，他們的父母可能是未成年人士、精神病患者、弱智人士或吸毒者。」並指出：「不少父母遺棄子女，日後都會感到內疚及後悔，所以父母不應輕易遺棄親生子女，有困難應求助有關機構。」

- 不幸中之大幸是：命宮癸巳，己土日元通根命宮，丙火得祿有根，而且是在南方地域出生，得地利，有火暖，絕處逢生，將來長大行南方火運，自強不息，可以預見。

多才多藝，天妒英才

寫這一篇文章，心中感慨良多。文中主角，當年雖然初次見面，但他給我的印象是樂觀、開朗、坦誠、對工作熱誠、有抱負、有理想。

他是一位多才多藝的男藝人，不論幕前、幕後、電視、電影、模仿、配音、話劇等等，都可以處理得頭頭是道。他對工作的熱誠，以及對工作的尊重及態度，非常值得年輕人學習；他的演藝生涯，陪伴着很多香港人成長。

請看下頁他的八字。

男命：

命宮	胎元	傷	日元	殺	才
丙	壬	丙	乙	辛	己
子	戌	戌	未	未	亥
		戊財	己才	己才	壬印
		辛殺	乙比	乙比	甲劫
		丁食	丁食	丁食	

刑（戌、未）　合（未、亥）

72	62	52	42	32	22	12	2
癸	甲	乙	丙	丁	戊	己	庚
亥	子	丑	寅	卯	辰	巳	午
			合亥用神 用神受傷		辰戌相沖 一喜一悲		

燥木喜水潤

- 乙木生於未月，小暑後四天，火氣依然猛烈，加上乙木坐未，時落丙，戌未刑動火氣，未中乙木受傷不能為用，全局火氣沖天，乙木乾燥，必須要水為救，幸得年支亥月相生、調候為救星。
- 忌火土；喜水，但以癸水為最好，壬水稍次，這是乙木的特性。
- 木為中性，因為木雖然可以幫身，但又生火增加燥熱。
- 金也是中性，因金雖可以生水，但是又會剋乙木。
- 所以取用神，不能只籠統地分為金木水火土，一定要仔細地分開陰陽，而且天干地支，都要仔細分論。
- 這是「**傷官配印**」格，為人聰明，傷官星多才多藝，七殺剋身，毅力驚人。

- 也是「**偏財格**」，以印星為用，但是「**財星破印**」，用神受傷，事倍功半，事事要比別人付出更大的努力，才能夠成功。要知道身弱的八字，做任何事往往都要親力親為。
- 亥水正印相生，觀眾緣好，並且可以得到長輩貴人的幫助，發展事業。
- 可惜亥月被未土剋合，又被天干最旺的己土剋制，水氣弱極，以致出身平凡家庭，早年便要兼職工作，這是因為早年行庚午、己巳大運，火旺之地的緣故。
- 不過從另一角度而言：「千金難買少年窮」，反而成就年輕人腳踏實地、實事求是的心態，為將來面對困難時，維持良好的心理質素。
- 及至二十二歲，行戊辰十年，終於露頭角，揚名聲。
- 這是因為辰為水庫，可以調候；而辰又是木的餘氣，通根乙木；而且流年經歷二十三歲起的一九八一辛酉、一九八二壬戌、一九八三癸亥、一九八四甲子、一九八五乙丑，五年之間，基本上差不多每個晚上都與大家在電視見面。這就是大運與流年都是喜用神配合的結果。

- 不過，在另一方面，辰與命內的戌相沖，引動戌未相刑於父母宮，而辰中有癸母、乙兄，以至母、兄刑悲，於本運內相繼過身，令人悲嘆。所以後學要理解：行好運並不是全好，行壞運也並不是全壞。人生往往是得於此而失於彼，是「禍福相依」。

- 及至三十二歲起行丁卯運，丁火食神，文星有用，雖然洩氣，演藝生涯轉戰話劇舞台。

- 另一方面，三十五歲甲戌年，甲合己土偏財，偏財為父、戌未刑父母宮，星宮同傷，父於此年亦刑悲矣。

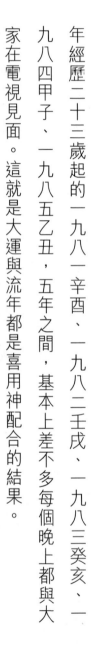

- 至卯運，三合未亥木局，一則可以幫助日元，二則解刑可減刑沖，但是合戌化火增燥熱，是身體出現毛病之始。
- 行運至四十二歲起丙寅，「**丙火猛烈，欺霜侮雪**」，蒸發命內水氣，使乙木更燥。
- 而寅合亥，用神亥水從木化，被寅吸乾，寅戌又拱火局，用神傷盡矣，乙木變成為無源之木，於五十歲己丑年，丑未戌三刑，己土忌神透出，至此，走完了人生的道路。
- 當事人面對困難、疾病、親人離世，都用堅定、樂觀、善良的心態面對，不選擇逃避，不選擇埋怨，勇敢地走完人生應走的路，是非常值得我們懷念及尊敬的。

南海十三郎

南海十三郎，一位多才多藝的粵劇編劇家，一生編寫過一百多部劇本，加上近年電視、舞台劇演繹他的故事，是以家傳戶曉。他的身世亦非常傳奇，引起很多人的興趣。

根據十三郎作品《小蘭齋雜記》記載：十三郎，原名江譽鏐，一九一〇年陽曆三月三日，即庚戌年正月二十二日巳時生。

下頁排出其八字。

男命：

命宮	胎元	卩	日元	傷	財
乙	**己**	**乙**	**丁**	**戊**	**庚**
酉	**巳**	**巳**	**卯**	**寅**	**戌**
		丙劫	**乙**卩	**甲**印	**戊**傷
		戊傷		**丙**劫	**辛**才
		庚財		**戊**傷	**丁**比

（卯、戌：合）

71	61	51	41	31	21	11	1
丙	**乙**	**甲**	**癸**	**壬**	**辛**（圈）	**庚**（圈）	**己**
戌	**酉**	**申**	**未**	**午**	**巳**	**辰**（圈）	**卯**

辰：濕土生金，少年成名。

傷官生財，天才橫溢。

- 丁火生於寅月，正印生身，木旺火相，卯日、巳時、戌為燥土，兼且寅戌、卯戌拱火氣；以戊土傷官生財為用。
- 傷官為用，文采風流，成就戲曲編劇大師。
- 但八字內加上命宮、胎元，滴水全無，是為之燥，是為人主觀而聰明，我行我素。
- 十三郎自述：「先父當余命出生，即將余之年庚八字命人測算，算者謂命裏父子相剋，若疏開而不常在一起，則父子相得，唯余幼時，居家不外出，即就學亦未寄宿，日常父子相對，而先父亦受驚險數次……一為東堤被人暗殺不成，一為墮海遇救……頗驗算命者之言。」

為甚麼這樣說呢？

● 因為八字內火旺金脆，火為劫財，年月出現的偏財，肯定是代表父親，所以用戌中辛金為十三郎的父親，地支一片火海，而無水潤燥，故有此斷，是符合子平的理論。

● 術者亦都提議趨吉避凶的方法，就是「聚少離多」。根據這一點，可以證明出生日時正確無誤。

● 十三郎又說：「說者咸謂余家居與父相剋……為趨吉避凶，亦首離父來港，不意竟成永別……此則算命者之言不驗矣。」

在此說明一下，並不是算命者所言不驗，相反更是極驗，因為比劫剋財，就是經常會出現「父死不及送終」的情況。

● 十三郎的父親就是有名的太史公、太史蛇羹的發明人，食客三千，在那時候是一個風雲人物，有十二位太太，即是十三郎有十二位母親，怎樣看得出？

用「辛」的轉盤看就明白：

命宮	胎元	才			
乙	己	(妻)乙	丁	戊	庚
酉	巳	巳	卯(妻)	寅(妻)	戌
		丙	乙 才	甲 財	戊
		戊		丙	(辛) 父親
		庚		戊	丁

拱（寅中戊 — 戌中丁）

合（卯 — 戌）

轉盤看父有多妻

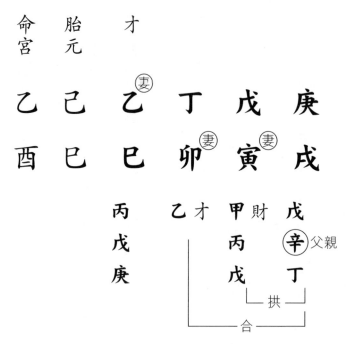

- 以戌中辛為父。
- 戌合寅為妻；戌合卯為妾。
- 寅卯旺為多，木數是三及八、寅數是七、卯數是六。以此為基礎，便可以推斷數目。
- 「又十三郎年逾五十，尚未正式結婚，雖曾與女子同居三次，均不為終身伴侶……其子女在外，均不以為江姓兒女，誠一奇事。」
- 在命理而言，又不是奇事，因為五行火旺金死，金為妻妾，如何能成為終身伴侶呢？為何三次同居？一數金數自分明。
- 以水為子女，命中全無水氣，再看時支子女宮，為水之絕地，即是晚年子女，有等於無，緣分淡薄。

- 十三郎文思早發，天馬行空，文筆有如行雲流水，一瀉千里，創作能力無窮無盡，這是因為命中戊土傷官，通根戌土有力。

看行運：

- 一歲起己卯，己土食神洩火，聰明早露，人見人愛；卯為父之妾，多多益善，人丁興旺。
- 十一歲行庚辰，濕土生金，二十歲時主編之《心聲淚影》，由薛覺先演出，十三郎一炮而紅。
- 二十一歲辛巳運，辛金喜用運桃花，依然順利；巳火運忌神得祿，廣州淪陷，事業有阻。
- 三十一歲行壬午，壬水運雖好，但是「**傷官見官**」以演戲勞軍，東奔西跑，歷盡艱辛；午火運忌神旺地，在三十五歲乙酉年，軍旅中染上瘧疾，加上缺乏營養，帶病演劇，精神開始出現問題。

- 四十一歲行癸未運，癸戊合化火，用神變為忌神，未戌刑火、未卯合木，忌神當道；至此，陷於人生最低潮，多次出入精神病院，偶爾在街上流浪。

- 與此同時，他最有名的徒弟唐滌生先生，也於己亥年逝世，其中道理，也淺而易見。

- 至五十歲庚子年，金水得力之年，正式病癒出院。

- 五十一歲行甲申運，進入西方金運，申為金得祿、水長生之地，甲雖生火，但截腳之木無力，不為大忌，而且與上一個運比較，已經有天淵之別了。在五十四歲甲辰年，在《工商晚報》撰稿寫下了後來出版的《小蘭齋雜記》，也因為此，才有本文的出現。

- 六十一歲交乙酉運，乙庚合金，酉為天乙貴人，酉沖卯日腳，環境變遷，動多靜少，寄住大嶼山寶蓮寺，生活倒也寫意。至六十七歲丁巳年，火神肆虐，再度住院。
- 七十一歲丙戌運，丙火通根身庫；七十四歲甲子年甲木生丙火，子水犯旺神，西曆五月六日病逝於瑪嘉烈醫院。

以十三郎的一首詩，紀念這位傳奇人物：

生平磊落可無慚，
弗管人間毀與參，
恨乏文章驚末世，
只餘風月作清談。

夫多反無夫

這位打扮樸素的年輕小姐坐在我的面前，略帶一點害羞的表情，雖然已經是二十多歲的年紀，但感覺好像是一位情竇初開的少女一樣。

「我擔心你有選擇困難症。」我了解過她的八字之後，然後這樣說。

「指哪一方面呢？」這位漂亮女孩溫柔地回答。

「不指事業，是愛人的事，就是經常周旋在兩三位男朋友之間。」這是她的八字告訴我。

「那我應該怎樣選擇呢？」她面露害羞的神態，不好意思地問。

「先要搞清楚目前的情況，再作分析。應該有三位追求者吧？」我問。

「是的。」

「最先認識的男士，是有經濟基礎的，但他是已婚人士，你倆見面時間不多；後來的一位，年紀比較小，並沒有經濟基礎，只是比較談得來，而且見面時間較多。」我說得很明白。

「這些都可以看得到的嗎？我將來的丈夫會有錢嗎？我要挑哪一位呢？」一連串的問題，她很焦急地希望馬上知道全部的答案。

「還有一個追求者，也是有太太，並且有子女，他經常兩個國家地區穿梭，見面的時間應該是最少的了，是不是有這樣的一個人出現呢？」我要印證我的看法是正確。

「他是在外地工作的，雖然見面少，但也逼得我很緊。我的婚姻究竟如何？有人説我是旺夫，也有人説我是剋夫，不知哪一種講法是對的。」她不明白地問我。

「你一方面是旺夫，一方面是剋夫，一方面是爭夫，應該是三個説法：

旺夫：是旺第一個愛人，旺他的財，也旺他的妻，所以他有妻子，不能離開。

剋夫：是剋第二個愛人，所以第二個男朋友沒有發展事業，沒有經濟基礎，工作不穩定，也沒有姻緣。

爭夫：是第三個男朋友，因為對方有家庭，所以是爭夫，就是與他妻子爭夫了。」

「那我應該如何是好……？」她無奈地回應。

「第一是結婚之前必須深思熟慮；第二是結婚年齡愈遲愈好；第三就是不結婚；第四點，也最重要的一點，就是自己要經濟獨立，不要依賴男朋友，在沒有男人的環境之下，也能夠生活。」我坦白說明，希望她明白我的意思。

她的八字排盤如左：

命宮	胎元	殺	日元	殺	比
辛	丙	乙	己	乙	己
未	寅	亥	卯	亥	未
		壬財 甲官	乙殺	壬財 甲官	己比 乙殺 丁卩

三合木局

80	70	60	50	40	30	20	10
癸	壬	辛	庚	己	戊	丁	丙
未	午	巳	辰	卯	寅	丑	子

殺旺用印生，夫多反無夫。

- 己土生於亥月，正財格，亥中有甲木正官為夫，女命財多財旺，大多旺夫幫夫。
- 但甲木正夫不透，反而乙木透出，就是男朋友。
- 乙木通根亥卯未三合木局，旺之極，可惜有己未土，否則變成從殺格，故以正常格局論，以未中丁火化土暖身為用。
- 月干乙木是第一位愛人，他以年干己土為妻為財，己土通根有力，財有力故此有經濟基礎；以日干己土為女朋友，左右逢源。

見下頁以乙木「轉盤」。

比	才		才
	妾	夫星	妻
乙	己	㊀乙	己
亥	卯	亥	未
壬 印 甲 劫	乙 比	壬 印 甲 劫	己 才 乙 比 丁 食

第一位愛人一妻一妾

• 以時干乙木為第二位愛人。他坐下亥水，以身邊日干己土為財，但坐下無力；又以年干為財，可惜被月干乙木所阻所劫，故窮。

轉盤如下：

	才	比	才
┌─妻─┐		┌─劫─┐	
夫星			
(乙)	己	乙	己
亥	卯	亥	未
壬印	乙比	壬印	己才
甲劫		甲劫	乙比
			丁食

第二位愛人妻星被劫

- 以坐下卯木為第三位愛人，卯合未土，合為有關係，故為妻子，行丑運，丑中辛金為子女，故有兒女。
- 卯合兩亥水，生我為印星，是地頭，故此有兩地奔波的情形。

轉盤如下：

比	才	比	才
乙	己	乙	己
亥	卯	亥	未
	夫星		
壬 印		壬 印	己 才
甲 劫		甲 劫	乙 比
			丁 食

合　合

合妻

第三位愛人兩處家鄉

• 再看她行運：十一歲行丙子，財印相剋，父母離合。

二十一歲行丁丑，殺印相生，情人多多。

三十一歲行戊寅，劫財正官，多角情敵。

四十一歲行己卯，比肩七殺，又是桃花。

五十一歲以後，方才感情穩定。

殺	日元	殺	比
乙	**己**	**乙**	**己**
亥	**卯**	**亥**	**未**
壬財	乙殺	壬財	己比
甲官		甲官	乙殺
			丁卩

三合木局

80	70	60	50	40	30	20	10
癸未	壬午	辛巳	庚辰	己卯	戊寅	丁丑	丙子

同性戀八字

所謂同性戀，很多時是因為當事人沒有談戀愛，而經常與同性朋友在一起，就被人冠上「同性戀」之詞，有時可能是真，有時可能是假，只是找不到理想的伴侶而已，只是個人取向不同，並沒有對或錯。

同性戀的命，有下列幾種特點，都是同性星（比劫）比異性星（官殺或財星）旺盛，細分如下。

（一）男性同性戀

- 財星弱而受剋制。
- 財星被合。

- 財星太旺為忌神，不為日主所喜。
- 比肩劫財通根得力。
- 行運不利於財星。

（二）女性同性戀

- 官殺星弱而受剋制。
- 官殺星被合。
- 比肩劫財通根得力。
- 官殺太旺為忌神，不為日主所喜。
- 行運不利於官殺星。

請看下頁例子。

男命：

命宮	胎元	食	日元	卩	財
癸	戊	辛	己	丁	壬
卯	戌	未	未	未	寅
		己比	己比	己比	甲官
		乙殺	乙殺	乙殺	丙印
		丁卩	丁卩	丁卩	戊劫

（丁、壬：合）

76	66	56	46	36	26	16	6
乙	甲	癸	壬	辛	庚	己	戊
卯	寅	丑	子	亥	戌	酉	申

財星被合同性戀

- 己土命生於未月，土燥而旺，喜得辛金食神透時干，洩土為用神。
- 己土以壬水為財，壬水生於未月極弱，加上被丁火合去，弱之極，不能為用，是以一生均以同性為伴，而自得其樂。
- 如果我們以壬水的角度去看，壬水以丁火為財，壬合丁，代表愛錢財，或者是工作狂，忙於賺錢或忙於工作，對男朋友缺乏關心或愛護，都是感情生活的致命傷。
- 再者壬水以土為男朋友，命中三重未土，就是追求者眾多，己土要突圍而出，也不是一件容易的事情。
- 兼且，命宮癸卯、胎元戊戌，財星與劫財天合地合，也是強烈的徵示。

所以，只要細心分析，就可以找到原因。

又例如：女命

命宮	胎元	尸	日元	官	比
癸	丙	丙	戊	㊀乙	戊
亥	辰	辰	子	丑	午
		戊比	癸財	己劫	丁印
		㊀乙官		乙官	己劫
		癸財		丁印	

74	64	54	44	34	24	14	4
丁	戊	己	庚	辛	壬	癸	甲
巳	午	未	申	酉	戌	亥	子

剋制夫星

夫星受制同性戀

● 戊十以乙木為夫星，乙木通根在辰，又有子水之生，不謂之弱，但是最不好是戊土年干，二女爭夫，而日元本身坐子水，戊土暗合子中癸水，是「**貪合忘夫**」，競爭力不及年干之戊土矣。

● 加上本身高薪厚祿，工作繁忙，這個「乙」的位置就被她的公司、上司所霸佔了。第二種情況，就是追求者都是有妻子或愛人，所以都不能打動命主的心，因為錢財，命主有；地位，命也主有。

再看行運的情況：

● 中年一路是辛酉、庚申、是自己喜用之神，洩透賺錢，但就剋制乙木夫星，所以中年自己賺錢，男朋友可有可無，是否同性戀，另作別論。只要自己活得開心便可以，與旁人無關。

又例如：男命

命宮	胎元	殺	日元	尸	劫
丙	甲	辛	乙	癸	甲
寅	子	巳	亥	酉	辰
		丙傷	壬印	辛殺	戊財
		戊財	甲劫		乙比
		庚官			癸尸

沖（巳—亥）　合（酉—辰）　剋（甲—辰）　合（庚—辛）

75	65	55	45	35	25	15	5
辛	庚	己	戊	丁	丙	乙	甲
巳	辰	卯	寅	丑	子	亥	戌

妻星沖合同性戀

● 乙木生酉月，酉金七殺當令，殺重身柔，要知道，乙木最怕酉金，是以必須身邊之癸水、坐下之亥水，化殺以生身為用神；兼且又要用火剋金。

● 命中以土為妻，辰土在年支，秋土弱，被酉金合住，又被甲木蓋頭相剋，中木就是情敵，是第三者，所以早年相識的女性，要不是有第三者，就是會為命主帶來煩惱，因為辰土生旺酉金七殺，而七殺就剋身之故。

● 第二個土在時辰的巳裏面的戊土，亥沖巳，亥水旺相，巳火休囚，「衰神沖旺旺神發，旺者沖衰衰者拔」，戊土被沖剋，也不能用，之後結識的女性朋友，若非有第三者，也會聚少離多，亦會帶給命主煩惱，因為巳會酉金，火變為金，金為七殺剋身之故。

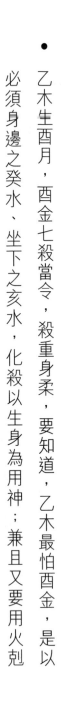

- 妻星不為命主所喜，故喜歡與男性朋友往來，又是正常不過。這類命，即使勉強結婚，也得不到幸福，生離死別是遲早出現的問題，倒不如面對現實，將注意力集中在工作及個人生活。
- 其實，婚姻和愛情只是人生的一部分，只要人生對社會有貢獻，自己活得開心就相當足夠。

齊人之福不易享

算命算出命帶雙妻，很多男人可能會覺得很開心，以為可以左擁右抱，引來艷羨目光，但是事實又可能偏偏相反。

以下是一個齊人的故事。

命主乙木生於巳月，火旺木燥，巳中丙戊庚，以丙為本氣，故以丙火傷官為格局，是「**傷官格**」。

他的八字排盤如下：

男命：

命宮	胎元	食	日元	殺	比
甲	壬	丁	乙	辛	乙
子	申	亥	巳	巳	酉
		壬印 甲劫	丙傷 戊財 庚官	丙傷 戊財 庚官	辛殺

乙、辛 沖
巳、巳 伏吟
亥、巳 沖
巳、酉 合

80	70	60	50	40	30	20	10
癸	甲	乙	丙	丁	戊	己	庚
酉	戌	亥	子	丑	寅	卯	辰
				合而解沖 桃花運		合而解沖 結婚運	

妻宮伏吟兩妻命

- 乙木生於巳月，是夏令，火旺木燥，巳中有丙戊庚，以丙為本氣，故此以丙火傷官為格局，是為「**傷官格**」。傷官是風流任性而為，我行我素，喜新鮮事物，勇於嘗試新事物，本身已經有風流的種子。
- 乙木自己又坐巳，多一重洩氣，身邊更有辛金七殺相剋，辛金本身通根於酉得祿而強，故一生中要面對來自多方面的壓力。
- 有七殺剋身，先要看看如何處理這七殺，其他六神暫且勿論。查時干丁火本可制殺，但是乙木太弱，不勝丁火洩氣，反而變成「**剋洩交加**」，幸好有亥時，全局一點水，可以有起死回生之功，是真正的用神。
- 但這用神有氣無力，與旺相的巳火相沖，水雖剋火，但滴水投火爐，有等於無，於是定性為「**用神受傷**」。
- 年干乙木似可以相助，但是都難敵辛金，自顧不暇。

以上都是論五行的基本因素，但是說完一大堆，都未講及應驗甚麼事。這就是一般人只注重看《造化元鑰》，不讀《淵海子平》的後果。

「你母親緣分淡薄，兼且雙重父母。」我說，這是月日伏吟到父母宮，而亥水印星被沖死之故。

「我兩個阿媽，生母早死，後母亦不長命。」

「對上有養不大的兄弟姐妹。」我說。這是因為年上乙木比肩坐殺又被辛剋，年月為先，日時為後，少年運行庚金，再多一重剋，難活。

「正是。」

「你是從事一些專業，工作性質嚴謹，不可以出錯，經常要不定時工作。」

「我是會計師及財策師，經常不定時工作，當然，賬目一定要很清楚，工作相對辛勞。聽人家說，我命中喜愛水，要做行船、近水的工作，是不是？」他回應。

這是一般人的看法，喜水就水行業、喜木就木行業……論職業不是這樣簡單，這點水是正印，是生助日元，是大公司，我於是說：「你是要在大公司或政府機構工作。」

「對的，我在這家上市公司工作很多年了。」

「姻緣較早，二十歲已經開始談戀愛了，最遲也會在二十九歲之前結婚。」因為己卯運是天干妻星，地支為乙木得祿之地，最重要是合亥水而解開巳亥沖，妻宮解沖，必然結婚。

「這沒錯的……」說到婚姻，他語帶猶豫。

我不待他說下去，率先再講關於他的婚姻狀況：「不過你是齊人，有一妻一妾，兩段姻緣。」看他月日伏吟到夫妻宮，巳中兩重戊土妻星，就是兩次姻緣運。

「這是命中注定的嗎？」他問。

「命中可以看到，是必然會出現，但是如果處理得好，有些人可以把桃花變成好朋友，有些人則刻意追求，不顧後果。」我回答。

- 這個八字，一生中兩次姻緣運，一次在二十五至二十九歲的卯運，合而解沖；一次在四十五至四十九歲的丑運，也是合而解沖，都是結婚運。
- 而且，丑為妻星，妻星合入日支，很難沒有姻緣的。

• 更要留心，丑中有辛金子女星，這個桃花會帶來兒女，是「前妻生一子，後妻生一兒」。

	日元		
丁	乙	辛	乙
亥	巳	巳	酉

合

40
丁
丑
己 才
辛 殺
癸 卩

殺合妻宮，必然得子。

「這正是現在煩惱的事，太太都知道了，這要如何解決呢？」

「你是不可能同時擁有兩妻的，只能去一留一。」因為亥沖巳，日時為夫妻宮及子女宮，是「留妻不留子，留子不留妻；留前不留後，留後不留前」。

「其實我與太太正在辦理離婚手續，看來事情是沒有轉彎的餘地了。」

是的，離合是有定數，緣盡了分開，總比勉強在一起，最終引起生離死別事情，反而是不明智的行為。

夫星當旺也無夫

面前這位四十多歲的小姐，一望而知是一位事業女性。

她給了我出生日期，排開八字，我想了一下，然後開口：「事業成功則姻緣不就，事業平常則早嫁丈夫。」

「我是未婚的。」她無奈地回答。

「為甚麼很多算命的都說我的官星很旺，不是應該早婚的嗎？」她帶點疑惑地問。

看來，又有一位客人會變成我的「記名弟子」，因為但凡客人提出學術上的問題，我都會解釋清楚，就好像教授徒弟一樣，問題是，來者是否能夠全盤吸收而已。她的八字如下：

命宮	胎元	才	日元	官	財
戊	辛	己	乙	庚	戊
午	亥	卯	亥	申	子
		乙比	壬印	庚官	癸卩
			甲劫	壬印	
				戊財	

合（乙—庚）
合（卯—亥）
合（申—子）
害（亥—申）
刑（卯—子）

73	63	53	43	33	23	13	3
壬	癸	甲	乙	丙	丁	戊	己
子	丑	寅	卯	辰	巳	午	未

比劫爭夫（甲寅、乙卯）
傷官見官（丙辰）
沖夫妻宮（丁巳）

有事業無姻緣

「看婚姻不是只看夫星，還要看夫妻宮，你的夫妻宮是亥，被月令申金所害，而夫妻宮亥中有甲木，甲木是情敵，是甲木與申中的男朋友相害，這就是一種不利婚姻的情況。」

「庚金不是代表丈夫嗎？」看來這位小姐早有預備。

「庚金是丈夫，但是，也可以是上司、大公司、政府工，總之是穩定的工作。」

「這與婚姻有甚麼關係呢？」

「這就是我一開口就說，有好的事業就影響婚姻運的原因了。」我說。

「啊！就是說這個庚金，變成了我的事業、我的工作，而不是我的丈夫。」

她終於明白我的意思。

試想想：一位事業有成，埋首於工作，將大部分時間放在公司，見老闆比見男性朋友的時間多，就是被上司佔據了「庚」金的位置，而他認識的男性朋友，身邊也有相當之多其他的異性，在這樣的情況之下，你說她婚姻會很容易成功嗎？

所以我看八字，命運不是全盤注定的，在某程度上，仍然是有選擇權，但是大部分人並不明白這個遊戲的真正玩法。

是不是要放棄穩定的工作才能找到男朋友呢？這樣說是不切實際的，只是希望可以將時間分配得平均一些，要知道：丈夫可以陪伴到老，但上司則看着你變老。

「你要多點運動，並且要多外出飲宴應酬，可以增加桃花運。」我說出改善的辦法。

為甚麼？

- 因為八字欠「火」。火是子女星，子女星不現，何來姻緣？
- 而子女星也是情感線、情慾線，要加強對異性的渴求以追逐，就要加強火氣，運動就是加強火氣的方法，運動之後身體是發熱的。
- 「火」也是她的食神，多飲宴應酬，也是一種方法；多講話或多唱卡拉OK，也是一種方法。

她徹底明白，點頭稱是，滿心歡喜地離去，因為從今天起，她對八字的深層意義有更透徹的了解。

其實，還有很多特點告訴我她的婚姻情況。

- 子卯相刑，卯時為子女宮，子水刑入了子女宮，就是代表遲生育或無子女。
- 命宮戊午沖年支子水，按照十二宮排列（見下圖），從命宮逆行，所以年支子就是夫妻宮了，與命宮沖，被卯支刑，早婚幾乎不可能。
- 看她行的大運：二十八歲巳運，沖夫妻宮不成。

財帛 **巳**	命宮 **午**	父母 **未**	福德 **申**
兄弟 **辰**			官祿 **酉**
田宅 **卯**			遷移 **戌**
男女 **寅**	奴僕 **丑**	夫妻 **子**	疾病 **亥**

命宮十二位

- 三十三歲丙運，「**傷官見官**」，姻緣不成。
- 三十八歲辰運，三合解申亥相害，辰又通根乙木，可惜是財運，又怕她只顧工作賺錢。
- 之後四十三歲乙卯、五十三歲甲寅，情敵相爭，必須要主動加主動，努力加努力，才能找得到理想的對象。

我心中暗地裏祝福她早日找到如意郎君。

女士們看完這個故事，應該知道「種瓜得瓜，種豆得豆」的道理。

四個子女際遇不同

算命有恆法，不外是五行喜忌、六神生剋、地支宮位，再加上算命師傅的人生閱歷，將以上這些資料互相配合，就可以交織出一張人生的圖畫，並沒有牽連到甚麼宗教信仰。

雖然命理玄學是純粹的唯心論，但又可以得到唯物論世界的驗證，所以一位好的八字分析師，某程度上是可以稱為哲學家，正如老子《道德經》：「玄之又玄，眾妙之門」。

請看下頁例子。

女命：

命宮	胎元		日元	女 ─ 合	─ 女婿
丁	壬	己	己	㊀辛	丙
酉	午	巳	亥	卯	子
		女婿 丙	壬	乙	癸
		戊	甲		
		女 庚 ─ 沖 ─	─ 甲		

74	64	54	44	34	24	14	4
癸	甲	乙	丙	丁	戊	己	庚
未	申	酉	戌	亥	子	丑	寅

兩個女婿際遇不同

這位七十九歲的女士，來到館中算八字。按照我一向的習慣，都會先說一些以往發生過的不變事實，來驗證一下生時。

「按巳時，應該是兩個或四個子女，當是一男一女，或兩男兩女。」

「這是對的，我生了兩子兩女。」女士回答。

「當中長女婚姻很好，夫婿在社會上有地位，亦賺到不少金錢；另一個女兒就沒有這麼幸運，婚姻不好，甚至會離婚。」我繼續說道。

女士回答：「都是對的。」

「這樣的話，你的生時是巳時就對了。」

為甚麼要定時呢？因為我們算命用的是太陽時，與鐘錶的平均時間有些出入，再加上地方的時差，更而有夏令時間，所以很多時寅時非寅時、卯時非卯時，要檢查清楚，否則一子錯則全盤都會出錯。

亦有一種方法是不用太陽時，不算清以上細節，只用鐘錶時間，算命亦有應驗。但我個人認為，鐘錶時作為占算近來眼前事是可以的，但是作為一生長遠大事看，則以太陽時比較合適，因為子平法根本就是以太陽及四季作為基礎的學問。

話說回來，為甚麼可以算到子女數目呢？

- 因為己土以金為子女，而命中有辛金、時中有庚金，一陽一陰，最少一男一女。但是生時與生日巳亥相沖，這就要知道太玄數：

甲己子午九，

乙庚丑未八，

丙辛寅申七，

丁壬卯酉六，

巳亥四數單。

於是亦會應驗四個子女之數。

至於兩個女兒的婚姻，因為如果辛金為女，則丙合辛，是剋我者為夫了，則轉盤以丙看丙的生態環境：

- 丙生卯月得月令身強，坐下子水是官星，為「**官印相生**」格，女婿有地位。
- 丙得兩己土傷官透出生辛金，是「**傷官生財**」格，專業才能賺錢；丙辛合妻財，所以大女兒夫妻之間感情非常好。

- 巳中庚金為細女，庚以同宮的丙為丈夫，亥沖巳，夫星與自身同受傷，必定離婚收場。

「我這一次來的目的，已經給你算出來了，我就是希望知道我與兒女的緣分如何，我已經受了大半生的苦頭了。」女士說。

「對的，這是可能因為你上半生享受不到父母及丈夫的福氣，而寄望於子女身上。」

為甚麼她享不到丈夫福氣呢？

大家看看她命中的卯木夫星生機如何？

轉盤如下：

命	胎	才	才	殺	傷
丁	壬	己	己	辛	丙
酉	午	巳	亥	卯	子
		用神被沖		夫星	
		丙傷	壬印		
		戊財	甲劫		
		庚官			

辛、丙：用神被合

亥、卯：合

卯、子：刑

庚、甲：沖

74	64	54	44	34	24	14	4
癸	甲	乙	丙	丁	戊	己	庚
未	申	酉	戌	亥	子	丑	寅

夫無用神，夫福難享。

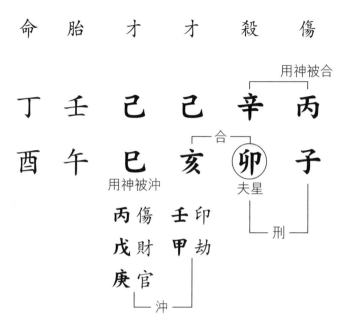

- 卯木為夫當令本好，但是夫星本身強喜火洩，丙火被辛合住，巳火被亥沖仵，只能用己土之財。
- 己十是誰？就是面前的女士，意思就是丈夫不事生產，要靠妻子早晚辛勞工作，維持家計。
- 再加上夫妻宮相沖，感情哪裏有和睦之日？爭吵無日無之，只不過上一代人物並不輕言離婚。

「請問我兩個兒子的運氣如何呢？」老來希望從子，是理所當然。

「兩兒了之中，從商的一位會財來財去，破敗收場；受薪的一位則會比較穩定。」這是因為，若以庚金為子，則受庚金的財星（甲木）相沖，所以破敗；若以辛金為子，則辛命合正官（丙火），是上司與他有情誼，而坐下是財星（卯木），所以受薪的得到比較穩定的發展。

命宮	胎元	卩	卩		官
丁	壬	己	己	辛（子）	丙
酉	午	巳	亥	卯	子
		丙殺	壬食	乙財	癸傷
		戊卩	甲才		
		庚（子）			

子 辛—合—丙

庚—沖—甲

74	64	54	44	34	24	14	4
癸	甲	乙	丙	丁	戊	己	庚
未	申	酉	戌	亥	子	丑	寅

兩個兒子運氣各異

「你說得真對，我的大兒子是從事政府工作的，一路下來雖不能說是發達，但生活也算得安定，比上不足，比下有餘得多。小的兒子早年從商，但是經營不善，現在已經接近破產邊緣了。」

「不過，請你不用擔心，因為你從明年開始，人生會變得不一樣，會向好的方面發展，包括兒子的運氣。」然後再為她分析一些細節重點，女士便滿心歡喜地離去。

我的說話並不是要討老人家的歡喜，而是從命理分析得來。

說了半天，命已經說完，心水清的讀者，應該看得到，原來算完了命都沒都提到日元己土自己本身的喜忌旺弱。讀者們，你們明白嗎？一個人很多時的心情，是受到身邊親人的運氣所影響，與自己的運氣好壞是沒有直接關係的。

現在終於要提到她自己了。

- 己土太弱不受財官，以火為用，但巳火逢沖，丙火逢合。而她的大運：
- 四歲庚寅運，

十四歲己丑運，

二十四歲戊子運，

三十四歲丁亥運，

北方水地生木弱火，己土生機更弱，辛勞之時。
- 四十四歲丙戌運，火土生身稍好。
- 五十四歲乙酉運，

六十四歲甲申運，

一金一木為忌，勞而無功。

● 七十四歲癸未運，癸運不消提；明年交未運，三合解沖，巳火得到釋放，生起己土任財官。最重要的是，時支本身是子女宮，解沖而得到穩定，子女運氣是一定會得到很大的改善的，這一點當然是可以肯定。

投機市場鱷魚潭

這個故事是關於一個大好前途的年輕人，他被五光十色世界所薰陶，沉迷於投機市場，以至泥足深陷。這足可以作為人生的借鏡，也可以用另一種途徑去了解一下人生。

很多事物都是表面包裝得美輪美奂，實質上裏面是糖衣毒藥，在取捨之間，要自己作出一些決定與堅持。

請看下頁年輕人的八字。

命	胎	財	日元	官	財
┌─沖─	─┐		┌─合─	─┐	
癸	丁	甲	辛	丙	甲
酉	巳	午	巳	寅	子
		丁殺	丙官	甲財	癸食
		己卩	戊印	丙官	
			庚劫	戊印	

（午、子：沖）

濕土生金，合甲忌神。

75	65	55	45	35	25	15	5
甲	癸	壬	辛	庚	㊁己	戊	丁
戌	酉	申	未	午	巳	㊁辰	卯

己：濕土生金，合甲忌神。

辰：濕土生金，少年成名。

巳：火得祿，水絕地，枉自輕生。

火旺水絕，財多反忌。

● 辛金生在寅月，失時，年月日時木火太多。辛金與庚金不同，雖然同是金命，取用神就有天淵之別，庚是陽金，是出爐鐵，必須要火鍛煉；辛金是小五金，必須要水沖洗，大忌火熔的金，就是辛金了。這個辛金命主，生長在年月日時的一個火爐之內，本身已經與辛命的喜愛、特性相違背。

可能有人會問，寅、巳、午中不是有戊己土嗎？有土就可以洩火生金了，但是這些土都是在火爐之內，是燥土，只可脆金，並無生金之力，是生我反而弱我，最重要的是，《滴天髓》中說道：「辛金軟弱、溫潤而清，畏土之疊、樂水之盈，能扶社稷、能救生靈，熱則喜母、寒則喜丁。」

這說明了辛金的特性，是喜愛用水尤其是壬水，最忌火熔金，即使土太多亦不好，因為有埋金的壞處，有時火太多要用土洩火，只限於己土或辰、丑等濕土。

- 這個八字，於是火不能用、木不能用、土燥又不能用，找遍了年月日時，唯有一個子水可以為用神，一則可以調候，二則可以濕土，三則可以洗金，一神三用，本應理想。但是細看之下，春天子水洩氣，火旺蒸乾子水，再加上午火一沖，是「**旺神沖衰衰者拔**」，子水有等於無，力量極小了。
- 八字財星旺極，變成「**財多身弱**」，理財不善，擴充過度，或者沉迷賭博或投機，但總是會遇到不利的投資環境，加上「**官多變殺**」而容易因投機而惹來官司。
- 辛命用子水為食神，發揮秀氣，為人必定聰明，有一技之長，可以安身立命，只要安分守己，一定會衣食無憂，最怕是心頭太高，擴展太過，以至泥足深陷而難以自拔。

社會上很多投機活動，表面上可以很快賺大錢，但是真正能夠賺大錢有幾人？都是損手離場居多，甚至有些情況是以借貸方式而來的賭本，銀行、財務公司的推銷借錢來電，如果當事人高估了自己的還款能力，就很容易在短時間內就債台高築了。

● 繼續論本命，以子水為用神，食神為用，最利於飲食專業，而本命就適值是從事相關行業，年少聰穎，敏而有質，很年輕時已經鋒芒畢露，正值十五歲至二十四歲的戊辰大運，辰為濕土，潤金洩火，前途本應無可限量。

● 二十五歲己巳大運，前五年以己土為主，濕土洩火，偏印生身，貴人、名氣進步不少，前途一片光明。

- 可惜下五年大運，以地支巳火為主，巳火為火得祿之地，寅巳刑動火更旺，運程已經如風中殘燭，弱不禁風。
- 命宮有癸水本好，但是又受制於胎元丁火相沖。
- 再查一下流年，適值二〇一三年起癸巳、甲午、乙未，連續三年為木火旺地，竟自己了結生命，令人惋惜！

身上鬼不去不安

這個「鬼」是指七殺星，原來這句說話是出自《卜易》，但是玄學本一家，現我拿來借用一下，道理是一樣，就是不喜歡七殺剋身。

凡命中有七殺，都要先看看這個七殺的情況怎樣，要制或要化？

七殺太重無制化，這個殺就是剋身之鬼，就是身上鬼，必定要去之。

即使是身旺殺弱，也需要有一點制化七殺之物為好。

因為七殺星行運時可以由弱轉強。

請看下頁例子。

男命：

命宮	胎元	傷	日元	食	劫
丁	戊	丙	乙	丁	甲
丑	午	子	㊉酉	卯	午
		癸卩	辛殺	乙比	丁食
					己才
		天乙貴人	沖	沖	

癸水傷丁

72	62	52	42	32	22	12	2
乙	甲	癸	壬	辛	庚	己	戊
亥	戌	酉	申	未	午	巳	辰

酉金沖卯

乙木忌埋根之鐵

- 乙木生於卯月，建祿格，身強之木，有甲木幫助，有子水生扶，根深之木，按道理應該不怕七殺了。但坐下七殺酉金，與卯相沖，很多人以為木旺不怕沖，但其實乙木本身是柔木，旺極也不離柔的本質，所以即使弱金，將來行運變強金，也是可以剋制乙木，變為官鬼。
- 而且「乙木忌埋金之鐵」，是以酉沖卯，就成為此命的重點，並不單以強弱論，而要看看十干的性質。
- 就以這個命為例，酉金本弱，無土生金，而更有丙丁火之剋制，但是如果以為無害，那就大錯特錯了。
- 看他行運，經歷：

兩歲戊辰、十二歲己巳，童年行財運，年少聰穎，家庭經濟穩定。

二十二歲行庚午、三十二歲行辛未，天干雖有庚辛剋木，幸有丙丁火食神傷官制金，即使出現風波，一定絕無妨害。

四十二歲行壬申運，申中金本剋木，但是申子合水局，忌神洩氣於子水，子水更是乙木的天乙貴人，所以申金亦不能傷乙木。

五十二歲行癸酉運，癸水傷丙丁，丙丁一則是生助財星之神；二則是剋制七殺之神，所以乙木失去保護網，所以酉金沖卯木，就是七殺傷乙木之根。

● 結果是：此君被兄弟同行所連累，惹上官非，並且糾纏多年，元氣大傷。

● 這個命，真正出問題的重點是月柱的卯木，月柱是父母及兄弟姐妹宮，在月柱的比劫，就大多數是代表兄弟姐妹。

● 故此，卯木可以是他的兄弟，或合伙人，或同行業的人，卯被酉沖，是卯木本身的七殺剋身，官司是因別人引起，而牽連自己。

● 凡以比劫星為忌神，切勿與自己兄弟姐妹一起工作或投資，否則必定拆伙、破財，甚至官司，所以可免則免。

● 總之，七殺剋身，必定要十分之留神。

請再看下頁例子。

男命：

命宮	胎元	殺	日元	財	食
甲	己	㊀辛	乙	戊	丁
戌	亥	巳	卯	申	㊀酉
		丙傷 戊財 庚官	乙比	庚官 壬印 戊財	辛殺

辛乙沖

卯酉沖

71	61	51	41	31	21	11	1
庚	辛	壬	癸	甲	乙	丙	丁
子	丑	寅	卯	辰	巳	午	未

辰合酉金　辰卯相害

用神受制，連根拔起。

● 乙木生申月，秋金旺，秋木死，生於丁酉年，酉金七殺旺極，沖卯木，卯木是本命乙木的根，乙木本質柔弱，而秋天的木就更弱，也是「**乙木忌埋金之鐵**」，所以埋下禍根。

● 這個七殺旺極了，全憑丁火食神剋制酉金及時上的辛金。

● 但是這點丁火力量不足，既不通根地支，又沒有甲木生扶，是謂之「**剋洩交加**」，乙木一則被火洩氣、一則被金剋制，所以必須要大運的幫助。

● 早年行南方運，一歲行丁未、十一歲丙午，火剋金而洩氣，努力學業，打好根基。

● 二十一歲乙巳運及三十一歲甲運，木火助身並制金，乙木見甲木，謂之「**藤蘿繫甲**」，乙木借甲木之力，一路平穩發展，娶妻，並生一男一女，家庭生活樂也融融。

● 不料三十六歲行辰運，土生金旺，原命是金旺木弱，即是「**殺重身輕**」；而且，辰與卯相害，用神受制，連根拔起，行至此運，到了甲戌年，流年戊土沖大運辰土，土旺自生金，金旺剋乙木，因癌病去世。

墓中人不沖不發

十二地支中的辰、戌、丑、未，是天地之間的土氣，五行都閉塞在裏面，所以又稱為四大墓庫。

辰為水庫，癸水藏其中；戌為火庫，丁火藏其中；丑為金庫，辛金藏其中；未為木庫，乙木藏其中。

如果這四種五行有透出，這墓庫就是根基，就可以為用；如果沒有透出，就只是藏於墓中，好像被人被鎖在監牢一樣，不能逃離，必須要有地支來刑沖開墓庫，才可以為用。

尤其是八字以火土或土金為用神，一則刑沖開墓庫，兼且未戌丑辰是土，往往可以有換轉乾坤之功。例如男命：

命宮	胎元	劫	日元	劫	才
丙	癸	壬	癸	壬	丁
午	卯	戌	未	子	亥
		戊官	己殺	癸比	壬劫
		辛卩	乙食		甲傷
		丁才	丁才		

（戌未：刑；未亥：合）

78	68	58	48	38	28	18	8
甲	乙	丙	丁	戊	己	庚	辛
辰	巳	午	未	申	酉	戌	亥

戌未刑開火庫發財

- 癸水命生於子月，水旺之極，八字內有亥水、壬水，水勢氾濫，因為有土相剋，不可以當作是專旺格來處理，於是就變成劫財當旺，丁火透出，但是被壬水阻擋，普通命學者驟眼一看，幾乎可以肯定是一個窮命，因為財輕劫重。

- 但是精華是在未土與戌土，未為木庫，戌為火庫，重點是排列鄰近，戌未相刑，刑開未中木與戌中火，可以支援丁火，可以溫暖戌中戊土，戊土有甚麼作用？原來戊土是制水的唯一用神。

- 若制水用己土，力量就相差太遠。

- 另一方面，未與亥拱合半木局，也可以吸水，這個戌暗合卯；亥未暗拱卯，故命中雖然無卯在，但是卯木在其中。

- 請看看：胎元癸卯，剛好三合木局，是精神所在。

● 這八字的戌是火庫，以火為父，他的父親富甲一方，並享高壽，而本命也能承繼父財，當然也是一個有錢人，是一個富二代。其原因就在於戌未刑開火庫，助旺丁火的緣故。

看看行運：

● 年青時從十八歲至四十七歲，行庚戌、己酉、戊申三十年土金運，以丁火「轉盤」看，是丁火的食傷生財運，丁火有戌未及木局為根，雖然稍弱，但都可以任財，只是比較辛勞，但都是好運。

請看下頁以丁火「轉盤」：

命宮	胎元	官	殺	官	父親
丙	癸	壬	癸	壬	丁
午	卯	戌	未	子	亥（天乙貴人）
		戊傷	己食	癸殺	壬官
		辛才	乙卩		甲印
		丁比	丁比		

78	68	58	48	38	28	18	8
甲	乙	丙	丁	戊	己	庚	辛
辰	巳	午	未	申	酉	戌	亥
				傷官生財	食神生財	傷官生財	

父行財運富甲一方

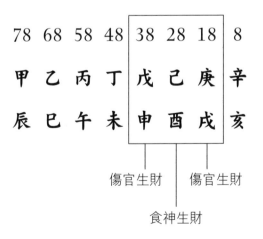

- 丁火坐亥水，官印相生，天乙貴人，有地位；官殺雖多，有食神制殺，有名譽。
- 四十八歲至七十八歲行丁未、丙午、乙巳，三十年是丁火的比劫幫身，抵禦官殺，也是好運。
- 一般而言，行比劫運大多破財，但此命丁火本身並無明顯財星，故行劫財運亦不會有大破耗。

請再看下頁例子。

男命：

命宮	胎元	食	日元	劫	劫
壬	癸	乙	癸	壬	壬
寅	卯	卯	未	子	寅
		乙食	己殺	癸比	甲傷
			乙食		(丙)財
			(丁)才		戊官

（未、子之間標示「害」）

79	69	59	49	39	29	19	9
庚	己	戊	丁	丙	乙	甲	癸
申	未	午	巳	辰	卯	寅	丑

火庫無刑父親不發

- 同是癸水生子月，同是水旺，也都是未日生，未中有丁火己土剋水，而且更有乙卯、寅吸水。按道理，這命的父親的財富，應該跟上面一個例子差不多吧？
- 答案是，他父親只是一個經常捉襟見肘的小商人，而他自己本人也是財來財去。為甚麼分別這麼大呢？
- 原因是：第一，未中丁火沒有透出，而且被子水相害，財星受制；第二，原命沒有戊土制旺水；原命及行運都行不到金運，金是父親的財運，所以父親不發大財。
- 中年雖然行丙丁運，是原命的財，但是按照「原有原無，原輕原重」的道理，原局財星無力，行財運，而被原局劫財劫去，反而是經濟最差的時候，所以命主自己也不發財。

● 一直要走到五十四歲後巳火、戊土運，引出原命寅中戊土，才是人生喜遇之時。

● 亦有人會問，那麼，上一個富有的八字，行丙丁運也會經濟出問題嗎？答案是不會，因為以上一個命而言，原命財星有根氣，行劫財運是賺錢少了，或者是有應得而未得之財，但絕不是經濟出問題，很大機會是出現另一種情況，就是財權落於兄弟之手。

所以，子平是一種十分細緻的術數，而論命也是一種人生哲學，往往一字之差，就有天淵之別。

離鄉別井創業成功

此案例主人翁是：

- 男命丁火命生於戌月，是秋天氣候，火氣已經衰弱，只能依靠戌內微弱的丁火相助，而且「戌」是火的墓庫，是弱而有根的月份。
- 這個月令的戌，內有：

戊土傷官；
辛金偏財；
丁火比肩；
而戊土傷官是本氣，所以可以稱為「**傷官格**」。這傷官與財星相通，又叫「**傷官生財**」格。

他的八字排盤如下：

命	胎	尸	日元	劫	財
戊	丁	乙	丁	丙	庚
寅	丑	巳	酉	戌	午
	濕土生金	丙劫	辛才	戊傷	丁比
		戊傷	天乙貴人	辛才	己食
		庚財		丁比	

（乙庚合；丑巳合；巳酉合；戌午合）

80	70	60	50	40	30	20	10
甲	癸	壬	辛	庚	己	戊	丁
午	巳	辰	卯	寅	丑	子	亥
					濕土生金當發之時		

傷官生財，經營有道。

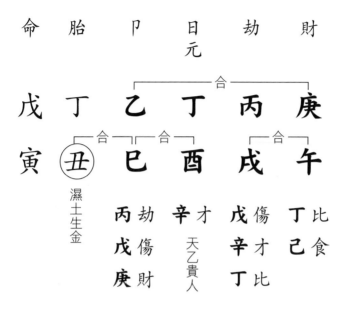

● 命格「**傷官生財**」，如果日元能夠有力量去支配這個組合，則傷官是聰明智慧，隨機應變；與財相通，就可以利用思想、智慧、口才去賺取金錢，就是有三寸不爛之舌。

● 相反，如果日元太弱，不能夠支配控制這個「**傷官生財**」，則變為任性妄為、狂妄自大、口舌招尤、揮霍金錢，那是極端的兩個世界。

● 重點就是，要分出八字之中每一個字的強弱程度，這是最先決條件。

● 命中日元丁火，通根於戌火庫，通根於午火，又有巳火幫助，乙木近身相生，日元足夠有力，可以承受這個戌土月令的旺極戌土傷官及庚金、酉金的財星了。

● 這個命能不能發財？就要看財星旺不旺。看庚金酉金生於戌月，本來就是秋天金旺，是以財星有氣旺相；而日元丁火又有力量，是以從商必定有很大發展。

- 身財兩旺，一生財祿享用不缺，不過，這個八字有一個缺點：就是「丙」火劫財。這丙火位處於丁火與庚金之間，劫奪財星，令財氣大打折扣。
- 不過，雖然有劫財，但因為原命財星極強，所以劫交不盡；如果原命財星無氣，後果就不堪設想了。
- 命中有劫財可否化解？可以的：從事一些惡性競爭的行業；找一個可以信任的合伙人；將生意財富交給下一代發展；將賺到的財富轉化為不動產或者長線投資。
- 甚麼時候開始發迹呢？查看原命的重點是缺水，形成火與金相戰的局面，形成「**火旺金熔**」兩敗之局，是以如果能夠有通關的五行，就能夠使全局平衡，這個通關之神，就是「濕土」。

土分兩種：

「燥土」是戊土、戌土、未土，燥土有吸水的作用，最宜寒濕命。

「濕土」是己土、丑土、辰土，濕土有潤金、洩火作用，最宜燥熱命。

● 很幸運地，此命三十歲行己丑大運，濕土洩火潤金，就是發達之起始點。

這個例子告訴大家，論命一定要先分強弱、定喜神忌神，否則一見劫財就說是窮人之命，論命就很容易出現偏差。

命中無正印，偏印無力被庚合，代表「生母緣分不足，定主童年單親或繼母。」我說。

「我七歲母親就身故，父親再娶。」來人回答。

「白手興家，父也無大助力。」我根據丙火透而剋財星而言，但財星有氣，不致剋死，只是無助。

「對的，我年輕時就從廣州來港，由零開始。」看他行運十歲起丁亥，亥沖原命巳火，沖就動，就是驛馬，而且寅申巳亥為四馬之地，就是離鄉之時，最遲十九歲。由二十歲到二十九歲行戊子，也是相沖地支，動的多，靜的少。

「你從三十歲開始，運氣一路穩定進步，努力得到回報。」這是因為行己丑大運，濕土洩火存金，漸漸發達。

「那時我得到一些有名飲品食品的專營權，一直到現在，加上現在大陸市場開放，生意相當好。」終於成為了飲食業的大老闆。

- 這就是所謂時勢造英雄，當一個人行好運，有利環境是會自自然然出現。命中以食神傷官為用神，從事飲食業，萬無一失。

- 胎元丁丑，丑土為金庫，濕土洩火生金，與原局合成巳酉丑三合財局，也是發達的徵兆。
- 本命最聰明之處，就是在很早期已經將生意交予下一代及可信任的合伙人。仕六十歲壬辰、七十歲癸巳大運，已經安享晚年，不再為事業之事操心。
- 這是因為：壬辰大運，天干壬水相制丙火劫財；地支辰土濕土生金，而且水為子女星，子女自已成才。
- 這八字的另一個特點，就是欠「水」，就是無官殺，很多人以為是代表無子女，但事實是：

男命八字中無官殺星，並不一定沒子女，很多時反而有相當好的子女。若命中出現官殺星，但是官殺星有刑沖剋害，才是沒有子女的徵兆。

- 有時候，男命亦以食傷為子，要看情形而定，例如本命，就以食傷為子，食傷旺而有力，生三子皆可獨當一面。

無仇不能成父子

父子關係，不管是好與壞，往往都是難分難解。

以下男命，壬水日元生於卯月，乙木透出，半合木局，乙木傷官極旺，是傷官格，為人聰明機智，懂得隨機應變。

壬水通根子水、亥水不弱，但子午沖，而且又無金剋木，水旺極亦被旺木洩盡，所以是特別格局，名之為「**從兒格**」。

排開八字如下：

命宮	胎元	才	兒子	傷	劫
己	丙	丙	壬	乙	癸
未	午	午	子	卯	亥
		丁財 己官	癸劫 陽刃	乙傷	壬比 甲食 祿

午、子：沖
卯、亥：合

76	66	56	46	36	26	16	6
丁	戊	己	庚	辛	壬	癸	甲
未	申	酉	戌	亥	子	丑	寅

子：伏吟反吟
丑：合解沖
寅：從兒順局

兒子八字傷官格

- 從兒格的用神：不要水幫身，不要金制木，只可順其氣勢而行，就是好運。
- 最喜用火，其次用木。
- 如有刑沖的組合，則解刑沖的大運也是好運。
- 所以這個八字是以「火」為真正用神。
- 《滴天髓》：「從兒不論身強弱，只要我兒又見兒。」可謂說得明明白白。
- 一般看父子關係，就看年月是用神，父母有助力；年月是忌神，父母無助力，這種看法太簡單，理不出深層次的關係，要看結構性的問題，就要用「轉盤」論命，看看兩父子的六神情況。

丙火「轉盤」：

命宮	胎元	父親	殺	印	官
己	丙	丙	壬	乙	癸
未	午	午	子	卯	亥
		丁劫	癸官	乙印	壬殺
		己傷			甲卩
		陽刃			天乙貴人

午 —— 沖 —— 子

76	66	56	46	36	26	16	6
丁	戊	己	庚	辛	壬	癸	甲
未	申	酉	戌	亥	子	丑	寅

丙火父親殺印相生

- 子：壬水，即是本命，劫財傷官，自己任性，坐下陽刃，主觀衝動，損友多多，無官星，不受管束，我行我素，衝動經常走偏鋒，不理後果。一般來說，這種結構的八字都會有投機、賭博的壞習慣，以及俗語講的「先使未來錢」。
- 以丙火為用，丙為父，一生財源來自父親，皆因在父親的公司上班，自然是「一人之下，萬人之上」，要風得風，要雨得雨。
- 父：丙火，生於卯月，正印生身，本不為弱，坐下午火陽刃，主觀衝動，但是被子水沖弱，加上壬癸水透干相剋，反而需要乙木的幫助，來化解官殺星，是「**殺重用印**」。
- 他是一位白手興家的商人，肯打肯拼，年支亥水為丙火的天乙貴人，所以有很好的外力人物網絡支持，生意愈來愈好。

- 兒子到公司幫忙，希望子承父業。
- 用印之人，忍耐力強，面對困難，不屈不撓，七殺在身邊相剋，就是要經常面對壓力，壬水七殺是甚麼人，就是他的兒子。
- 最有趣的是，丙火陽刃與壬水陽刃相沖，互相個性都大同小異，主觀強、固執有脾氣、衝動兼且「炮仗頸」，究竟是誰勝誰負？了解五行的朋友就自然會明白。
- 壬水以丙火為財；丙火以壬水為殺。
- 壬水是「**傷官格**」無人能管；丙火是「**殺印格**」逆來順受。

看來勝負已分。

那麼，媽媽的角色在哪裏？

- 命中無金，看不到母親，母親自然置身事外。
- 看行運：

六歲起行甲寅，從兒順局行木火運，自然人見人愛，而且，這是丙火父親的貴人運，當然旺父財而發達，生活環境一路向好，自然得到父母的疼愛。

十六歲癸丑，雖然水運是劫財，但是並沒有大沖的剋，而且丑土合子水解沖，父子關係並無大風浪，算是平穩無波。

二十六歲行壬子，壬沖丙火用神，子沖午火用神，而且又是日柱伏吟，以致損友多、用錢多、是非多，父子關係經常出問題。

- 這八字若非命宮己未、胎元丙午，午未合火為財星，未土合原命午火解沖，相信影響會更大，以致左支右絀，大傷腦筋。

從兒格、從財格、從殺格、專旺格、合化格等等，這一類特殊的格局，運程是會比正常格局上落起跌較大。如果能夠謹慎理財，順應社會潮流，選擇正確職業，將精力發揮於事業，集中自己的精力，專注地向一個方向發展，不要貪圖僥倖，往往會一發如雷，在社會上得到很大的成功，否則只會一敗塗地。

無怨不能成夫婦

很多人說，性格決定命運，但是甚麼決定性格？出身、童年環境、教育、意志、朋友，還是先天因素？見仁見智。

很多時，人生的命運與際遇，都是一個很小的原因所引起，令自己的心念改變，而作出一系列的行為，這就是：性格決定命運。

至於人與人之間的溝通與交涉，往往就是八字內五行的比較及對戰所產生的結果。

請看下面一個故事，主人翁八字如下：

女命：

命宮	胎元	殺	日元	才	食
庚	壬	癸	丁	辛	己
午	戌	卯	未	未	未
		乙 卩	己 食	己 食	己 食
		空亡	乙 卩	乙 卩	乙 卩
			丁 比	丁 比	丁 比

71	61	51	41	31	21	11	1
己	戊	丁	丙	乙	甲	癸	壬
卯	寅	丑	子	亥	戌	酉	申
					火庫刑命不吉	金水得用桃花運好	

夏火喜水潤

- 這是一位高挑的姑娘，樣子甜美，說話爽快，帶點男兒個性，給人一種急性子的感覺。
- 八字丁火生於未月，雖然洩氣，但依然是有力的火，加上己土食神透出，其人必定聰明。地支三個未、一個卯，木火旺相，不忌身弱，只嫌燥熱。所以，從八字的角度來看，正與這位姑娘所表現的個性百分之百吻合。
- 這個命太燥，就需要有水來滋潤，於是時干的癸水就成為了及時雨。
- 癸水是丁火誰人？是七殺夫星，是感情線，所以這個丁火是極需要愛情的滋潤。
- 但是，癸水能不能滿足到丁火呢？就要看看癸水的力量是否足夠。

● 癸水無源，坐下卯木吸水，又嫌未土吸水，依靠月干辛金相生，明顯水力不足。

● 而且，癸坐卯是空亡，力更弱了。

● 這位姑娘，與一位已婚的男士同居，並且生了子女。

● 這丁火極需癸水，但是，這癸水又是否極需要這點丁火呢？

這就要用「轉盤」從癸水的角度去看看。

請看下頁。

命宮	胎元		才	卩	殺
		夫星	┌── 以辛為用神	──┐	
庚	壬	(癸)	丁	辛	己
午	戌	卯	未	未	未
		乙食	己殺	己殺	己殺
		天乙貴人	乙食	乙食	乙食
			(丁)才	(丁)才	(丁)才
		└── 合	──┘		

71	61	51	41	31	21	11	1
己	戊	丁	丙	乙	甲	癸	壬
卯	寅	丑	子	亥	戌	酉	申
					癸水傷官見官	助夫行運	助夫行運

夫坐貴人桃花多

● 癸水生於未月身弱，「**七殺格**」，辛金是「**殺印相生**」，有權、有名、貴人好。

● 坐下卯為天乙貴人，為食神，食神制未土七殺，是「**食神制殺**」，專業人士，社會上有地位。

● 但是這個癸水最需要的是「辛」金生水，丁火卻阻攔在癸水前面，剋制辛金，並不為癸水所喜。

● 何況，癸卯合未，不是一個未，而是三個未，未中有丁火，就是女朋友極多，這點丁火日元，極有可能是癸水男朋友的其中一段浪漫史而已。

看看行運的情況：

● 一歲壬申，金水得用，父母愛護，如珠如寶。

- 十一歲癸酉，財生七殺，追求者眾，天乙臨財，貴人得力。
- 二十一歲甲戌，辛金通根餘氣，辛得力可生癸水之夫，戌運與癸水男朋友相遇，並生子女，是因為戌合子女宮之卯。
  但是戌又是火庫，刑未土夫妻宮；重點是這大運是癸水男朋友本身的「**傷官見官**」運，十年之內，是非、官司難免，所以與愛人之間已經亮起警號，時常爭吵，初則口角，繼而動武。
- 三十一歲乙亥，表面上看，亥水潤局，應該好運，可惜，亥與原命卯未合成木局，水被吸盡；最不宜是乙木；這個乙木，一則沖辛，二則剋己，二則洩癸，四則生火，是絕對忌神。
- 在三十歲甲午年，兩人在一次劇烈爭吵之下，男朋友錯手殺了事主，可謂人間慘事。

- 這丁火身太旺，以食神為抒發的渠道，行乙運是偏印，是梟神，剋制食神，是有名的「**梟神奪食**」壞運。沒有了抒發的渠道，自然容易思想走向極端，以致易起爭執，而發生不幸事。

用癸水的角度看，為甚麼會出現這不幸事件呢？

- 癸水身弱，以辛為用神，行乙運是沖去用神，原本乙木是不足以跟辛金對抗的，但是亥卯未合成木局之靠山，於是頑強之木，沖走無根之金。

這就是五行強弱對碰的結果。如果我們了解子平，就知道五行之中，沒有可能絕對的單向滿足，是要互相制衡、互相協調。明乎此，天下間可能會減少很多人事紛爭。

嫁離婚之夫

八字命理之中有兩種大方向：一種是經常用到的正格；另一種是不經常用到的特別外格，又稱為特別格局。

正格一般是五行齊全，以平衡調候為主作為判斷基礎；而外格是超出正常範圍，五行之中很多時只有一兩種，甚至乎用神都不會出現，例如在命中找不到妻星、找不到子星，以致初學者無從判斷。

以下就是一個命中找不到夫星的八字，讀者看看，應該如何判斷呢？

女命：

命宮	胎元	食	日元	傷	劫
丁	丁	丁	乙	丙	甲
卯	巳	亥	卯	寅	午
	丙	壬印	乙比	甲劫	丁食
	戊	甲劫		丙傷	己才
	庚夫			戊財	

巳—沖—亥

78	68	58	48	38	28	18	8
戊	己	庚	辛	壬	癸	甲	乙
午	未	申	酉	戌	亥	子	丑
				己			
				辛			
				癸			

戌藏辛：夫被火熔

亥：合夫宮

子：子沖午 子變格

兩神成象格

- 乙木生寅月木旺，甲木透出，亥卯合木局，丙火、丁火通根於午火，全局木火氣勢強烈，沒有金、水隨木化，土不透而弱，將如何判斷？

原來這是個特別格局，全局偏重兩種五行，是謂之「**兩神成象**」。

《滴天髓》：「**兩神合而象，象不可破**」，就是指全局氣勢已成，不能用正常的方法去思考，例如此命，正常論法是身強可用金剋，但是火太旺，金不能容；又燥熱要用水潤，但火太烈水亦蒸發，那麼，應要用甚麼辦法去處理呢？

- 原來全局氣勢已成的命，只可順從它的氣勢，不可逆它的氣勢。

「你命中是五兄弟姐妹。」我看着八字後，數一數比劫的數目說，這是最基本看兄弟姐妹數目的方法。

「對的。」來人回答。

「你是情敵爭夫命，在以前來說是坐偏房或做小妾，即是說嫁夫要有兩個女人。」

「是的，我丈夫是一個離過婚的人。」她回答。

這是因為比劫坐月令，甲木透出，甲是月令比乙強，所以是彼正我偏。

「嫁夫已經離過婚，這是化解情敵爭夫的最好方法。」我說道。

因為有些情況是，嫁了給一個單身而未離過婚的男子，而後來丈夫惹到桃花，婚姻繼而出問題，這種情形往往是彼彼皆是。

「不過，這人年紀與你相差頗遠，或者要比你小一些，而且，你一入門就成為後母，因為這人是有子女的。」我見甲木坐下午火、旁邊有丙火，是甲木的子女；而乙木本身是傷官格，所以有以上判斷。

「這都是對的，我丈夫比我大二十多年，並且已經有一子一女了。」

「你應該要到二十八歲後才可以結婚……」這是因為十八歲起行甲子大運，子沖午火，破壞了兩神成象的旺局，以致婚姻不成。但是到了二十八歲後的癸亥運，癸水雖然剋火，但天干有甲木吸水；地支雖然是水，但是與原局寅亥、卯亥合化成木局，順從木火之氣，所以好運；而且，不要忘記日支卯木是夫妻宮，所以必定要在這一柱大運結婚的。

不過，不待她回答，我繼續說出重點：「但是婚姻最近出了點問題，是生離或死別……」

看她是專旺格局，金夫不見於命內，本來，命中無夫星的八字，並不一定婚姻出問題，但是我看到胎元的巳火，與原命的亥水相沖，巳中有庚夫，這就是一種提示。

她的表情反應，已經意會到，原來丈夫的意外，在命理上原來是有迹可尋。

那麼她的丈夫，究竟是出了甚麼事情呢？

原來，她的丈夫在她四十一歲甲戌年的時候，因為交通意外而離世。

她丈夫為甚麼會在壬戌大運去世呢？這因為壬水合丁化木，本來是好事，但又被丙火沖開不能合，而戌土合火局本好，但是可惜戌中藏有辛金之夫，但凡八字中沒有的五行，若果在行大運時出現，都要特別留心，很多時都會出現一些重要大事，很多時是關乎生死；而寅申巳亥是四驛馬之地，主動態事情；

加上是甲戌年，又再加一戌，方會應驗此事。

當我們知道甲木是前妻，乙木是後妻，我們就可以用甲乙木看看兩個女人的婚姻運，看看她們丈夫的情況。

- 前妻甲木：坐午火透丁火是傷官旺，行戌運，戌中有辛金，是行「**傷官見官**」運，主傷夫，主生離死別。
- 後妻乙木：丙火透出又是傷官，主傷夫，也主生離死別。是不是看到這男人的兩個重要的女人，都出現了生離死別的信息呢？五行的配合，好像是一對孖生姐妹一樣。
- 四十三歲的戌運，雖然夫星不容，但是終歸都是財星，經濟是不成問題的，這是因為「**獨象喜行化地，而化神要昌**」。這命木火旺極，也算是獨象了，化地就是順勢行土運去洩火。

- 所以行好運不會全面好，行壞運也不會全面壞，要看自己的心態是放在哪裏。
- 之後的辛酉、庚申都是夫星運，相信是可以結識到一些談得來的好朋友，但重點是不必要再去談婚論嫁，是比較容易維持長久的朋友關係。

丈夫哪裏去

這位六十歲的女長者：

- 乙木命主，生於酉月，七殺當令，乙木弱之極了；加以庚金透，酉丑合成金局，是旺中之旺。乙木唯有用身邊的壬水，化官殺以生身，是「**官印相生**」格。
- 乙木用壬水不及癸水，因為乙木用神以癸水滋潤為先，壬水沖奔，化金之力好，生乙木之力不足，是謂之假生，但總比沒有好。
- 命中金旺，隨了用水洩，也可以用火剋制，命中的兩個午火，都可以發揮作用。「**懷丁抱丙，跨鳳乘猴**」正是此意。

她的八字如下：

命宮	胎元	印	日元	比	官
				合（乙庚）	
戊	丙	壬	乙	乙	庚
			合（丑酉）		
寅	子	午	丑	酉	午
		丁食	己才	辛殺	丁食
		己才	辛殺		己才
			癸卩		

71	61	51	41	31	21	11	1
丁	戊	己	庚	辛	壬	癸	甲
丑	寅	卯	辰	巳	午	未	申
			子女宮得子女（辰、巳）		金剋乙木無夫福（午）		

壬生乙木為假生

「以過去運程而言，夫福不如子女福。」我直說。

這是因為她經歷三十一歲辛巳、四十一歲庚辰，二十年土金剋身，乙木如何能敵得過？

「這想起來也是的。」她答道。

「你的姻緣較早，就應該在二十一歲起的壬午大運。」這因為一水一火，正是乙木所喜的用神，水來化金、火來剋金。

「是的，我就在二十八歲左右結婚的。」

「結婚後馬上就添丁了，生了兩男一女或兩女一男。」因為午火大運，就是她的子女宮，而原命有兩個午火，是兩男或兩女，加上大運行到辛巳，巳火也是子女，於是就有三個之數。

「我有二子一女，婚後很快就添丁。」她坦白地回答。

「那就是好的子女福了，但是，有夫即等於無夫。」我說到她最關心的另一部分。

「唉……這應從何說起呢？他是行船的，自三十八歲那年起，就沒有回來過，船公司也沒有他的消息，生死未卜……」她說。

我看一看曆書，三十八歲是戊申年，戊土剋壬水，申金正官剋身，「用神受制，連根拔起」。

之後經歷的庚辰運，土生金相剋，就是一個單身婦女從事小販買賣，含辛茹苦地養大三個年幼子女的感人故事。

究竟她的丈夫情況如何？「轉盤」如下：

命宮	胎元	食	財	財	丈夫
戊	丙	壬	乙	乙	庚
寅	子	午	丑	酉	午
	癸傷	丁官	己印	辛劫	丁官
		己印	辛劫	陽刃	己印
			癸傷		

合

合

沖

傷官見官

穿

穿

辛沖乙，劫財傷妻

71	61	51	41	31	21	11	1
丁	戊	己	庚	辛	壬	癸	甲
丑	寅	卯	辰	巳	午	未	申

巳合金局劫財

庚夫劫財傷妻，傷官見官。

- 其一是：由命理上看，可以用庚金為夫，被乙先合，是爭夫，身邊的乙木，近水樓台，可以解釋是爭夫命，即是丈夫在外面有多一個女人，這是其中一個可能。
- 其二是：以月令酉金為夫，酉月是「**陽刃格**」，被兩個午火七殺相穿，必定傷殘、病患、意外難免；行辛金運，陽刃出干，剋去乙木之財，必然意外傷身，這是另外一種推演結果。
- 其三是：胎元子水沖午火，是「**傷官見官**」，主意外傷亡。

但這都已成過去，現在最重要的，是看看目前的情況。

下頁轉盤看子女運。

命宮	胎元	官	卩	卩	財
		①官星為夫 ②官星為子			財星為妻
戊	丙	壬	乙	乙	庚
寅	子	午	丑	酉	午
		丁子女	己食	辛才	丁子女
		己食神	辛才		己食神
			癸殺		

71	61	51	41	31	21	11	1
丁	戊	己	庚	辛	壬	癸	甲
丑	寅	卯	辰	巳	午	未	申

寅卯：木生火，子女行運。

轉盤看子女運

「慶幸子女都相當生性，亦都相當孝順，並沒有因為在單親家庭的環境下長大，而誤入歧途。」我說。

這是因為根據「**子填子位**」而言，並不是安慰之詞。乙木以丙丁火為食神傷官，丁火在時支午火之內，就是「**子配子位**」。因為時支為子女宮，這代表子女居於子女宮內，是非常有緣分的。

《淵海子平》有言：「**以時為子息，臨死絕之鄉，言子少之斷**」，也就是看時支是子星五行的甚麼？

- 是長生、祿、旺之地，就是子多。
- 是死、絕、墓之地，就是子少了。
- 今本命以「火」為子女，時支午火是得祿之地，故言子女多。

「不但如此，你的兒女婚姻都早，女婿、媳婦，都與你有緣分而孝敬你的。」我繼續說。

長者很滿意地點頭，恍惚之間，眼中閃爍出一點淚光，應該是內心歡喜的眼淚吧！能夠在自己命中出現的親人，都應該是有緣分的，儘管當中有恩怨情仇，都要好好珍惜。

- 若年支午火為男，則庚金就是媳婦，同柱出現，就是早婚及有緣分。
- 若時支午火為女，則壬水就是女婿，同柱出現，就是早婚及有緣分。
- 若時支午火為男，則壬水就是孫了，同柱出現，就是早添丁及有緣分。
- 看行運己卯、戊寅，助起日乙木，也助起子息午火，是自己與子女一同行好運，享子女福，不亦樂乎？

命無食傷，亦享子女福

女命以食神、傷官為子女星。一般而言，命中食傷出現，但受到刑沖剋害的話，尤其是以水為食傷的命，都不容易生兒育女。

這是因為水為生殖系統。

相反，命中無食神、傷官，如果得到大運的配合，反而可以享子女福。

請看下面的例子。

女命：

命宮	胎元	官	日元	官	財
丙	癸	乙	戊	乙	癸 財弱父死
午	亥	卯	(午)	卯	卯
		乙官	丁印 己劫 夫宮為用	乙官	乙官

76	66	56	46	36	26	16	6
癸	壬	辛	庚	己	戊	丁	丙
亥	戌	酉	申	未	午	巳	(辰)
	子女運			乙木夫之財運			財入庫，父早死。

本身無財，享夫之財。

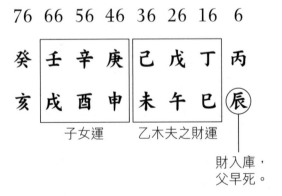

● 驟眼看，這是一個偏枯的八字，因為欠金，兼且水弱。

● 戊土生卯月，木旺剋土，乙木旺極，時又是乙卯，木多剋土，雖然乙是柔木難剋城牆之土，但總是不宜。

● 而最重要是，木多會吸乾無源的癸水，水是此命誰人？就是父親。

● 她的父親很早就過身了。甚麼時候？在上大運六歲之前就不在了，所以這個八字不能用水。

● 那麼，這個命的用神是甚麼？戊土坐午火，以午火洩木生身為用神，一生得賢母含辛茹苦將子女養大。

● 兄弟姐妹多少？共三人排最小，兩男一女。

偏枯般的八字，婚姻怎麼樣？

● 用神坐夫妻宮，乙木早透於月干，婚姻必早，就在早年的丁巳、戊午大運。

● 丈夫如何？雖不富貴，倒也生活穩定，因為是專業之人。

● 用轉盤看：乙木為夫，生卯月建祿身旺，身旺無須癸水生身，反而幫倒忙，故出身普通，父母無助，白手興家。乙以戊為正財，但有乙木比肩爭奪，一生難聚財，幸有午火食神，化劫生財，食神是專業，不宜經商，是一位公務員。

● 這乙木唯一之財星就是妻子，妻子就是他的全部資產，甚麼意思呢？就是金錢由妻子管理。這反而是好事，因為他劫財多，財不易累積。

● 這個女子本身是財弱的，因為戊土以水為財，癸水無源，故只能受薪水，看看她早年行甚麼運？丁巳、戊午、己未，三十年火土運，蒸乾癸水，何來有財？這樣說，豈不是一貧如洗？

- 這樣想就大錯特錯了。就因為她是女性，重要的是有好的夫妻宮，夫妻感情融洽，有丈夫可以依賴，而火土運正是她丈夫乙木的財星運，而丈夫財全歸她管，所以行自己的劫財運時，亦不缺金錢，因為用的是丈夫的錢財。
- 然後研究她的子女，命無食傷子女星，包括胎元、命宮，但是看看大運，由四十六歲開始，一路庚申、辛酉、壬戌，三十年食傷運，平衡及調候命中的燥熱，補回命中不足，子女星出現，就是享子女福的反映。
- 所以，命中無食傷並非一定無子女；相反，命中有食傷而受到沖剋，必定容易刑剋子女，則反而食傷不出現比出現更好。

請看以下女命：

命宮	胎元	印	日元	官	財
庚	丙	丁	戊	乙	癸
申	午	巳	寅	卯	卯
		子女宮			
		丙卩	甲殺	乙官	乙官
		戊比	丙卩		
		子星 庚（圈）食	戊比		

（子女宮巳中庚食與寅中戊比：刑）

70	60	50	40	30	20	10	0
癸	壬	辛	庚	己	戊	丁	丙
亥	戌	酉	申	未	午	巳	辰

星宮同刑，難得子女。

- 這個八字，與上一個八字很相似，戊土生卯月，年月相同，都是水弱極，而水為父，父母離婚，隨母長大，這是雙方八字的共通點：父緣薄，母緣厚。

- 行的大運也是一樣，只是歲數不同，是否意味都是會早婚呢？如果這樣想，就太少看八字的分析能力了。

- 這八字到三十多歲感情生活都不成功，找不到心上人。為甚麼呢？

- 因為夫妻宮受傷，寅巳相刑；因為命宮、胎元不同，上一個命的胎元是癸亥，亥合卯木潤燥；這命是命宮庚申正沖夫妻宮；所以有天淵之別。

那麼，她的子女如何？

- 命中巳時有庚金子女星，好像是比上一個命無子女星好，但事實是寅巳相刑，庚命受傷，時為子女宮也受傷，是謂之「**星宮同傷**」，所以沒有生兒育女；即使有，都是會遲得，以及聚少離多的。此命應該找一個已離婚而有子女的對象，就可以化解命中寅巳相刑。

● 但有一點與上一個命例相同的是，到了庚申、辛酉、壬戌大運，都會生活得相當寫意。

感情事業兩難分

在某一年的一個飲宴場合，一位熟客朋友兼徒弟，拉着一位女性友人來到我的面前，請求我看看她的八字。

當年她三十歲，她問事業投資的事情，於是我看了她的八字一眼，開口便說：「你為人聰明，思想早熟，財運也不俗，不過，我想先說說你的姻緣事。」我說。

「我最想知道我的事業如何。」她好像並不想我說她的感情事。

「不過，你的事業與感情有分不開的關係。」我說。

「這樣嗎？」她沒有我的辦法，唯有讓我慢慢道出她的感情事。

排開命盤如下：女命

命宮	胎元	官	日元	殺	傷
				┌合┐	
丙	庚	壬	癸	己	甲
		┌刑┐			
寅	申	戌	丑	巳	寅
		戊官	己殺	丙財	甲傷
		辛卩	辛卩	戊官	丙財
		丁才	癸比	庚印	戊官

72	62	52	42	32	22	12	2
辛	壬	癸	甲	乙	丙	丁	戊
酉	戌	亥	子	丑	寅	卯	辰
		從格還原			彼從變真		

比劫爭夫，她正我偏。

「你的姻緣很早，這男性，你想避都避不了，因為他是一個有地位、有名譽的人，你總是逃不出他的生活圈子。」

她不置可否，並沒回答，但是從她的眼神，我就知道並沒有說錯。

「最遲十八歲，這人就已經出現。」我續說。

「這是對的，我的事業如何？我想投資一些項目……」她無奈回答，但很快又再追問她希望知道的事情。

「慢慢來，我會說下去的。你認識了這位男朋友之後，可以說是財運亨通，到二十四五歲左右，你已經是一位小富婆了。但是……他並不會跟你結婚的……」

她的眼神開始左顧右盼，渾身不自在的樣子。

「你的事業與男朋友有不可分割的關係，你所有事業都與他有連帶關係，例如他是你的老闆，或者顧客。」

她無言以對，只有靜聽的份兒。

「所以，你問事業，根本不是問題，因為事業早已被男朋友安排妥當，毋須自己操心。」我說。

「我就是覺得太被動，所以希望開展自己的事業。」她回答。

「不單事業和財運，而且感情生活也被他操縱着。他命中有兩個女人，你是其中一個……」我最後說出重點。

「為甚麼可以看到他的事情，不用看他的八字嗎？」她有氣沒力地說。

「這是可以看得到的。」因為她不明白，算八字有「轉盤」這門絕活。

「你的事業，只要與他有關聯的，都會成功賺錢，這一點要記住。不過，到了三十三歲左右，你就可以嘗試自己創業，只不過會非常辛苦，到時候便可以達到心目中的目的了。」我說。

「為甚麼以前有師傅說，我三十三歲之前運氣很差？但事實並不是這樣……」這女子唯唯諾諾地回答，然後離去。

我的熟客朋友事後跟我說：「師傅，你批得她太準了。」並請我說說其中的道理。

我的習慣是，如果客人對命理有興趣的，我都會將其中道理一一都告訴他們。

「這是因為癸水太弱，只有丑中的辛金通根，根本敵不過旺火旺土，戊土是燥土，只可吸水，而一般人看法是財多身弱，但原來這是一個從格，從的是己土。」我說。

「為甚麼他男朋友的影響力這麼大呢？」朋友問。

「這就是從格的重點，發達也是他為主，事業也是他為主，感情也是他為主的。」我說。

「我之所以說師傅你批得準，就是因為我知道，她的男朋友是一位有名譽、地位的大企業家，而且已經有自己的家庭。」他說。

「這是因為比劫爭夫她正我偏，在古時是小妾之命。用轉盤一看，他男朋友的官星合命，必定有名譽有地位，無所遁形。」

經驗告訴我，根本不用求證結果。

- 為甚麼不是正妻，而是偏房呢？因為己土為夫，己以壬為正財、以癸為偏財之故，但是癸水近在身邊，比較有地利，必然是很多機會接近，如此分析，就是因為工作關係而得以接近。
- 實情是，這女子是從事金融及房地產行業，是她男朋友的好幫手，是以經常會因工作關係而接近。
- 一般人會將此命算作財旺身弱，不能任財，行十二歲丁卯、二十二歲丙寅大運最差，其實是丙寅大運已經相當富有。

為甚麼呢？因為旺丙火沖去弱壬水；寅木暗合剋制丑中辛癸，假從變真從，就是發財之時，何愁事業？

● 到三十二歲乙丑、四十二歲甲子一路行水運，癸水通根，從格還原為正格，一變而成為財多身弱，是以會發展自己的事業。

朋友終於恍然大悟。

旺夫旺到一百歲

女人命最重夫、子二星。

命好的女人，少年時享父母福；中年時享夫福；晚年時享子福，一生都不用勞心勞力。

女命旺夫是第一等；幫夫是第二等。

旺夫是，嫁夫後丈夫自然發達，做妻子根本不用擔憂，自然是財祿豐盈，衣食享受充足。

幫夫是，嫁夫雖好，但是要親自幫助丈夫事業，例如一些家庭式經營的生意，丈夫都可以發達，只是自己會比較勞碌辛苦。

旺夫命亦分兩種：

- 一種是天生旺夫，即是未嫁夫已發達，嫁夫後一路享福。這種命是八字本身已經很平衡，夫旺、財旺，不論行甚麼運，丈夫都是個有錢人。
- 另一種是有時間性的，例如早年旺夫、中年旺夫或晚年旺夫。這種八字是，八字本身夫星雖然有根基，但是欠缺平衡，例如夫星稍弱，或夫星之財稍弱，行大運得到補救，便可以順風順水。

能夠本身八字旺夫，而配合行運都旺夫，幾乎是絕無僅有。

請看下頁一個女命八字。

命宮	胎元	食	才	夫星	印
甲	壬	癸	乙	辛	戊
子	子	未	亥	酉	辰
		己卩	壬傷	辛比	戊印
		乙才	甲財	祿	乙才
		丁殺			癸食

98	88	78	68	58	48	38	28	18	8
辛	壬	癸	甲	乙	丙	丁	戊	己	庚
亥	子	丑	寅	卯	辰	巳	午	未	申
夫之食			夫之財			夫之官殺			

夫星坐祿，一生行運。

- 乙木生於酉月，金旺木囚，七殺格，事事操心。
- 乙木坐亥洩金生木，又通根於辰、未，最妙有癸水，因為乙木最愛癸水滋潤，是自身不弱，才能夠任用財官。
- 這個命是否旺夫？就要用「轉盤」看她夫星的生機如何。
- 乙木以辛金為夫，夫星坐旺，秋金最強，建祿格，「建祿生月提，財官喜透天」，一般而言，建祿格都是要白手興家；再加上有戊辰土之生，身旺不勞印生，印星不為喜，是以父母兄弟姐妹無助，別井離鄉，白手白創。
- 這辛金以乙為偏財，有癸水為食神，有亥水為傷官，所以又是「**食傷生財格**」，食傷是專業之神，是以丈夫是一間頗有規模的建築工程公司的東主。而且，食傷為晚輩，食傷為用，必然有一批得力而忠心的下屬。

所以這老闆的公司，有很多服務了很長時間的得力員工。

• 再看這個偏財，通根於辰、未，又有亥水、癸水之生，是財星有根，行好運是必定發達的。

這強旺的辛金，

能夠行火運，得名氣；

能夠行木運，得財祿；

能夠行水運，得享受；

忌行土運，阻力大；

忌行金運，劫財多。

• 現在看看她的行運：

這女士十八歲行己未運，未合夫宮結婚之期，又是子女宮，必主添丁。

這女士二十八歲起行戊午、丁巳、丙大運，二十五年火地，是辛金的官殺運，身強能用官殺，是以事業進步，聲譽日隆；兼且，辛以殺為子，兒子也學有所成，更在公司開始接班工作。

這女士五十三歲起行辰、乙卯、甲寅大運，是辛金的財星運，身旺可任財，在這二十五年內，一發如雷，生意蒸蒸日上。

這女士七十八歲起行癸丑、壬子北方水運，是辛金的食傷運，身旺能任洩，是以在這二十年間，她的丈夫得到晚輩順利接班，生活優游。

- 她的丈夫比她大八年，丈夫在九十七歲的高齡，依然身體健康，還能夠間中到公司與員工聯絡感情。
- 所以，這女士是旺夫旺到一百歲之外，絕無僅有，可謂福壽雙全。

急流勇退，安享晚年

本故事主人：

丙火命生於未月夏令，年支巳火，坐下寅木長生，時支又有卯木生火，火旺之極了。

日元有力，然後要看看有沒有可以用的六神，去發揮命主精神。

排開命盤，請見下頁。

男命：

命宮	胎元	財	日元	傷	官
己	庚	辛	丙	己	癸
未	戌	卯	寅	未	巳
		乙印	甲卩	己傷	丙比
			丙比	乙印	戊食
			戊食	丁劫	庚才

72	62	52	42	32	22	12	2
辛	壬	癸	甲	乙	丙	丁	戊
亥	子	丑	寅	卯	辰	巳	午

癸：傷官見官 急流勇退

辰：濕土生金 結婚之運

傷官見官兼傷官生財格

● 丙火命生於未月夏令，旺相之時，兼且通根於年支巳火，坐下寅木長生，時支卯木生火，是火旺之極了。日元有力，然後要看看有沒有可以用的六神，去發揮命主精神。

● 月令有己土、乙木、丁火，而己土是本氣，而且透出，是最旺的五行，可以發洩日主的精神，是為「**傷官格**」，兼且有辛金合命，成「**傷官生財**」的良好格局，是以為人有智慧才華，隨機應變，將計策轉化為財富，最合經營從商。

這個命能夠發多大的財呢？就要看財星的旺弱情況。

● 此命以辛金為正財星，辛金合命有情，一生財無缺，而辛金生於未月是土，土生金本好，但未土是燥土，燥土熔辛金，而辛金不能通根於地支，只能依靠己土之生，並不算有力，若果行運不能配合，必然會損財傷妻。

● 本命另一特點是年干癸水，癸水是官星，夏天之命，本來就是需要用水，尤其是癸水，有滋潤之功，但是癸水與己土相近，形成「**傷官見官**」，故人生容易惹上是是非非。若見到癸水通根的歲運，一方面運氣有好的發展；一方面就要特別小心是非。

所以，八字並不是單單以「好運」、「壞運」或「平常運」，就能夠交代一切，而應該以一種哲學的心態去分析，就不會被不明當中道理的人將八字學問納入為迷信的事情。

算命的目的是趨吉避凶，命雖然有定數，但是知命的人是可以有一些轉變方法的。

以這個命為例子，身旺必定主觀強，是以不宜合伙，但事實上此命是經歷合伙、拆伙的情況；

- 傷官成格，最合自由事業，而本命正是從事電影、設計、廣告、娛樂、互聯網等相關事業，選擇職業正確，所以能夠白手興家。
- 「**傷官見官**」，切忌從政，並且不宜太露鋒芒，否則就必定惹上小人是非及官司等事，而慶幸本命並非從政，但是難免經常招惹小人。
- 辛金財星無力，全局劫財，火旺金熔，年支巳中有庚金，與寅木相刑，並不適宜早婚，必刑頭妻，可惜本命早婚於辰運，不出數年便已分離。
- 尤幸在癸運之前急流勇退，因為癸水運是助起原命癸水「**傷官見官**」，若不急退，必然煩惱官司，現可以在丑運之中，安享晚年。

所以，命雖有定，亦有改變的餘地，事在人為而已。

我的野蠻女友

人與人之間的緣分相當微妙，某個新相識的人與你特別投緣，一見如故；某個人即使認識了很長的時間，但始終不能夠交心。

有些人物是我們不能夠選擇的，例如父母、兄弟姐妹等就是，但有些是可以選擇，例如夫妻及情侶。

很多人以為，只要有財富，就一定可以找到稱心如意的伴侶，但是事實又往往可能會是「千揀萬揀，揀到爛燈盞」或「怨憎會，愛別離」，很多時都是「一個願打，一個願捱」。

請看以下一個例子。

男命：

命宮	胎元	官	日元	傷	才
庚	**甲**	**丁**	**庚**	**癸**	**甲**
午	**子**	**丑**	**午**	**酉**	**寅**
		己印 **辛**劫 **癸**傷	**丁**官 **己**印	**辛**劫 陽刃	**甲**才 **丙**殺 **戊**卩

74	64	54	44	34	24	14	4
辛	**庚**	**己**	**戊**	**丁**	**丙**	**乙**	**甲**
巳	**辰**	**卯**	**寅**	**丑**	**子**	**亥**（圈）	**戌**

亥：食神生財，早有桃花。

陽刃月令，戀愛煩惱。

「你應該是專業人士，並且是從事跟政府或大公司有關係的事業。」就從庚金日主，有癸水傷官通根丑時有力，透出月柱，而且甲木偏財亦通根寅木透出，傷官生財，是一個專業人士的格局；而且，庚金坐下是午火官星，就是政府或大公司了。

「是的，我在一家上市公司任職工程師。」

「一路走來，你的事業和財運都不俗；不過，婚姻運則並不理想，早結婚則易離婚，即使談戀愛，也不是太穩定。」為甚麼呢？原命偏財透於年，桃花運雖有，但是因為是月令陽刃格，甲木難敵旺金，劫財星旺，情敵多，必然會影響婚姻和戀愛運的。

「是的，我很早開始談戀愛，大約十八九歲吧！但是都不長久。」這因為十四歲起行乙亥十年大運，是庚合乙正財、亥合寅木偏財，必然有戀愛機會，但是始終難敵得過月令旺金的劫奪。

「而且，你會找一個野蠻女友。」為何女朋友野蠻？下文自會細表。

「我現在的女朋友就是主觀強……她與我的緣分怎樣？」

「我可以說說有關你真命天子的情況：第一，她是姊妹二人；第二，她的工作並不穩定，經常轉換工作。」我說。

「她有一姐，就姐妹二人。」他回答。

「如果她排小的，就必定會惹官司。」

「她已經破產了……是信用卡的問題。」他無奈地回應。

怎麼看呢？

用寅木的轉盤看：

命宮	胎元	傷	殺	印	比
庚	甲	丁	庚	癸	甲
午	子	丑	午	酉	寅

（午酉：破）

丑	午	酉	寅
己財	丁傷	辛官	甲 女朋友
辛官	己財		丙食
癸印			戊才

（午中丁傷、酉中辛官：傷官見官）

74	64	54	44	34	24	14	4
辛	庚	己	戊	丁	丙	乙	甲
巳	辰	卯	寅	丑	子	亥	戌

命中女友「傷官見官」

● 甲在天干是姐、寅在地支是妹，今寅木生於酉月，是正官格本好，但是午火傷官破酉，變格成為「**傷官見官**」，所以惹上官司。

「不過，官司是可以化解的，只是要破財擋災。」傷官的化解，看古文：

「女命傷官福不真，無財無印守孤貧」，就是要用財星或印星。

● 因為財星可以通關、印星可以制傷官，於是就看命中時支有丑土財星可用，丑土可以洩火生金，於是就有以上的判斷。

「但是辛苦了你，要在金錢上資助她。」我繼續說。

「我是她的借貸擔保人，已經幫她還了錢給財務公司了。唉！」

● 為甚麼知道是他代償債務呢？第一，因為命主是陽刃劫財格，一生之中，必定有破大財的情況；第二，丑土是女朋友寅木的財星，但是反過來說，也是命主庚金的正印星，也是庚金通根身庫，庚金本身是陽刃格已經極旺，所以不愛土生，丑土是忌神。

● 於是變成了：你的財神是我的忌神，而且入墓代表糊塗心軟，最後結果就是送上金錢，代還債項了。

「既然她有這麼多問題，我可以另找一位女朋友嗎？」

「如果你能夠找到一個女子，能夠全部符合你命中女朋友的特徵，而比現任女朋友的特徵還要多的，便可以取而代了。」我把真相說明白。

「請說說看。」他追問。

「第一，姐妹二人；第二，主觀強、脾氣大，專唱反調；第三，工作不穩定，輕常轉工；第四，惹過很大官非……」我想再說下去，他就已經打斷我的話：「這不就是我現在女朋友都有的嗎？」

「這就是你跟她難分難解的原因了。還有其他特徵就是：第五，離過婚；第六，喜愛整容或紋身。」即是說，如果找到一個女子，能夠具備以上全部六個條件，相比他目前的女朋友符合更多命中妻星的特點，他就可以換畫了。

能否找得到呢？原命已經告訴我們了。

最後兩點特徵，心水清的讀者，必定可以找得到答案。找得到的讀者，恭喜你！你的功力又再進一步。

子平正源——轉盤論法

作者

鄺偉雄

編輯

梁樂生

美術統籌及設計

Amelia Loh

美術設計

Venus Lo

造型攝影

fotolink

出版者

圓方出版社

香港鰂魚涌英皇道 1065 號東達中心 1305 樓

電話：2564 7511

傳真：2565 5539

電郵：info@wanlibk.com

網址：http://www.wanlibk.com

http://www.facebook.com/wanlibk

發行者

香港聯合書刊物流有限公司

香港新界大埔汀麗路 36 號

中華商務印刷大廈 3 字樓

電話：2150 2100

傳真：2407 3062

電郵：info@suplogistics.com.hk

承印者

美雅印刷製本有限公司

出版日期

二〇一八年七月第一次印刷

Published in Hong Kong by Forms Publications,

a division of Wan Li Book Company Limited.

ISBN 978-962-14-6735-5

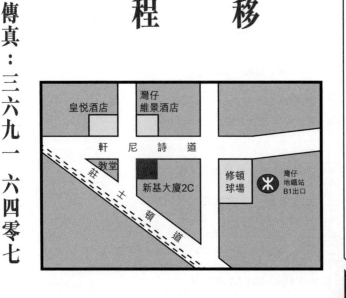

《子平通考》

鄺偉雄師傅習術數四十多年，治學實戰兼備，今為將正統的中國術數與有心人分享，特書《子平通考》，總攬其要。

本書既詳舉真實個案命例，也不失「土重木折」、「水多土蕩」等論命時的金科玉律，更講述起例與論命秘訣、取用神法、六神轉盤法，盲派八字定時等竅門，習八字者閱畢此書，必能有如醍醐灌頂，撥雲見日，論命功力長足進步。

《姓名學精粹》

鄺偉雄師傅於《姓名學精粹》中，去除了迷信成分，純以學術、科學及理性角度出發，詳盡剖析了正確的命名法則，包括配合生人八字喜忌、出生地點經緯、姓氏五行吉凶、名字寒濕燥熱等，為讀者介紹真正中國姓名學。

《掌紋學精粹》

本書結合了中西掌紋學精華，由掌紋、掌形、指形、掌丘逐一講述，並附超過二百幅掌圖，讀者一面看圖，一面比對自己的手掌，活學活用，定能把掌紋學的精粹學以致用，從而探索自己及親人在事業、學業、個性、感情、婚姻、疾病、財富、功名等等的特質，優者加強運用，不足者改善、調整，知人知己，以掌握更成功與美好的人生。

歡迎加入圓方出版社「正玄會」！

「正玄會」會員除可收到源源不斷的玄學新書資訊，享有購書優惠外，更可參與由著名作者主講的各類玄學研討會及教學課程。「正玄會」誠意徵納「熱愛玄學、重人生智慧」的讀者，只要填妥下列表格，即可成為「正玄會」的會員！

您的寶貴意見……

您喜歡哪類玄學題材？(可選多於1項)

□風水 □命理 □相學 □醫卜

□星座 □佛學 □其他________

您對哪類玄學題材感興趣，而坊間未有出版品提供，請說明：

____

此書吸引您的原因是：(可選多於1項)

□興趣 □內容豐富 □封面吸引 □工作或生活需要

□作者因素 □價錢相宜 □其他________

您如何獲得此書？

□書展 □報攤/便利店 □書店(請列明：________)

□朋友贈予 □購物贈品 □其他________

您覺得此書的書價：

□偏高 □適中 □因為喜歡，價錢不拘

除玄學書外，您喜歡閱讀哪類書籍？

□食譜 □小說 □家庭教育 □兒童文學 □語言學習 □商業創富

□兒童圖書 □旅遊 □美容/纖體 □現代文學 □消閒

□其他________

成為我們的尊貴會員……

姓名：________ □男 / □女 □單身 / □已婚

職業：□文職 □主婦 □退休 □學生 □其他________

學歷：□小學 □中學 □大專或以上 □其他________

年齡：□16歲或以下 □17-25歲 □26-40歲 □41-55歲 □56歲或以上

聯絡電話：________ 電郵：________

地址：________

請填妥以上資料，剪出或影印此頁黏貼後寄回：香港鰂魚涌英皇道1065號東達中心1305室「圓方出版社」收，或傳真至：(852) 2565 5539 ，即可成為會員！

＊請剔選以下適用的選擇

□我已閱讀並同意圓方出版社訂立的《私隱政策》聲明# □我希望定期收到新書資訊

顧客通告：個人資訊

圓方出版社收集個人資料作出聲明，本私隱政策聲明是根據香港特別行政區《個人資料（私隱）條例》－第486章（「條例」）。

個人資料收集

圓方出版社收集顧客資料包括顧客之姓名、電郵地址、郵寄地址、電話號碼、傳真號碼及各項喜好。

個人資料之使用

圓方出版社之顧客個人資料將直接用圖書業務，並向顧客傳遞以下訊息：

1) 新書；2) 特別推廣及優惠；3) 銷售；4) 活動；5) 公司之資訊

個人資料之披露

圓方出版社只授權已獲權限之人士處理顧客個人資料作有關圖書銷售之業務，不會銷售、租借、分享任何顧客個人資料給第三方或不屬於同一機構，除非得到顧客之同意。

查詢核對或修改個人資料

顧客可以發電郵到 info@wanlibk.com 查詢核對或修改其個人資料。

請填妥後對摺，黏貼後即可直接郵寄謝謝

請貼郵票

寄

香港鰂魚涌英皇道

1065號

東達中心1305室

「圓方出版社」收